Joseph Eduard Wessely

Jan de Visscher und Lambert Visscher - Verzeichniss ihrer Kupferstiche

Joseph Eduard Wessely

Jan de Visscher und Lambert Visscher - Verzeichniss ihrer Kupferstiche

ISBN/EAN: 9783743436329

Hergestellt in Europa, USA, Kanada, Australien, Japan

Cover: Foto ©berggeist007 / pixelio.de

Manufactured and distributed by brebook publishing software (www.brebook.com)

Joseph Eduard Wessely

Jan de Visscher und Lambert Visscher - Verzeichniss ihrer Kupferstiche

JAN DE VISSCHER

UND

LAMBERT VISSCHER.

VERZEICHNISS IHRER KUPFERSTICHE.

BESCHRIEBEN

VON

J. E. WESSELY,

MITGLIED DES RITTERORDENS DER KREUZHERREN MIT DEM ROTHEN STERN,
MITGLIED DER GEL. GESELLSCHAFT DER KÜNSTE UND WISSENSCHAFTEN IN BOVOLENTA,
APOSTOL. MISSIONAIR.

LEIPZIG,
VERLAG VON RUDOLPH WEIGEL.
1866.

Vorwort.

Von Jugend auf für die darstellende Kunst eingenommen, erhielt mein Kunsteifer neue Nahrung, als ich, in den Ritterorden der Kreuzherren in Prag eintretend, am väterlichen Ordensvorstand, dem General-Grossmeister Dr. Jacob Beer, den eifrigsten Mäcen meiner künstlerischen Bestrebungen fand. Was nur die Standespflichten an freien Stunden bescherten, ward der Kunst geweiht. Angeregt durch die gewählte Kupferstichsammlung, die ich im Hause des sel. Gallerieinspectors J. C. Bourdet (der auch als Maler und Radirer bekannt ist) zu bewundern die Gelegenheit hatte, entstand natürlich der Wunsch, eine ähnliche Sammlung anzulegen. Einige gute Sachen aus seinem Nachlasse bildeten den Grundstock, um den sich bald manches Gute gruppirte. Es fehlte aber noch immer der Geist, der einer Sammlung die Weihe giebt: das rechte Verständniss, die wissenschaftliche Behandlung. Mit meiner Uebersetzung nach Wien erst hat sich mir durch die Reichhaltigkeit hiesiger Sammlungen der Blick in nie geahnte Tiefen erschlossen. Die Bekanntschaft meines guten Freundes, des H. Wussin, der eben sein Werk über Suyderhoef herausgab, erzeugte in mir den Gedanken, dem ich durch dieses Werkchen den Ausdruck gebe. Da er den Cornelius Visscher bearbeitete, zögerte ich nicht lange, die Werke seiner beiden Brüder, des Jan und Lambert in Angriff zu nehmen, damit die Sammler die Beschreibung der Werke aller drei Brüder zugleich in die Hand bekommen. Ein freundlicher Brief des Hrn. Weigel gab mir grösseren Muth.

Wenn sich bei dem Umfange des Gegenstandes und der Mangelhaftigkeit der Quellen noch manche Lücken zeigen sollten, so wird mir jede Berichtigung und Mittheilung sehr angenehm sein. Mit Sorgfalt habe ich ältere Kataloge durchgesehen, aber selbst jene der berühmtesten Sammlungen sind ungenügend. Nagler ist zu kurz und, wie es bei einem solchen Werke nicht anders möglich, nicht durch Autopsie begründet. Die sechs Blätter z. B., die er unter Nr. 57 beschreibt, habe ich weder in einer Sammlung gesehen, noch auch bei Winter verzeichnet gefunden.*) Viele Portraits, die im Werke vorkommen, fehlen dagegen in seinem Verzeichnisse. Am besten war noch Rigal zu brauchen, und was die Blätter nach Berghem anbelangt, das Werk von H. de Winter: Beredeneerde Catalogus van alle den Prenten van N. Berghem, Amst. 1767, dessen Nummern ich auch den beschriebenen Blättern vorgesetzt habe. Da ich für Sammler schreibe, so hoffe ich, jedes Blatt so getreu dargestellt zu haben, dass man es sogleich erkennen muss.

Die einzelnen Zeilen in den Unterschriften sind durch einen senkrechten Strich | getrennt;**) die Abdruckszustände (états) nach Möglichkeit ermittelt und fast durchgehend durch eigene Anschauung begründet. Zur Bestimmung des Maasses wurde das alte französische in Zollen und Linien gewählt, weil dieses so ziemlich bei den Kunstsammlern eingebürgert hat. Die Messung der Höhe wurde immer beim rechten Rande, die Breite beim unteren Rande vorgenommen, und zwar war der Plattenrand in der Regel das Object der Messung. Wo dieser fehlte und nur der Stichrand berücksichtigt werden konnte, ist es durch ein Sternchen * bezeichnet.***)

Bei welchen Blättern mir alte Copien vorgekommen sind, glaubte ich solche nicht verschweigen zu dürfen, da einige wirklich täuschend wären, wenn sie der Copist nicht in der Regel von der Gegenseite ausgeführt hätte.

In der Anordnung der Nacheinanderfolge der Blätter glaube ich zum leichten Nachschlagen so am besten verfahren zu haben: Zuerst die Bildnisse (alphabetisch); dann die geschichtlichen Darstellungen; darauf folgen die Gegenstände aus dem Alltagsleben (Unterabtheilungen nach den Erfindern); endlich Land-

---

*) Sie kommen im Katalog Sternberg von Frenzel, III. Nr. 3532 vor; dort wird auch gesagt, dass sie ohne Namen sind und dem J. Visscher beigelegt werden.
**) Die orthographischen Fehler in der Schrift wurden selbstverständlich beibehalten.
***) Die Ausdrücke: Rechts, Links, ohne Bezeichnung der Hand des Dargestellten, beziehen sich stets auf die rechte und linke Seite des Betrachters.

schaften (Unterabtheilung eben so). Am Schlusse die zweifelhaften oder mit Unrecht dem Meister zugeschriebenen Blätter. Eine Ausnahme von der Regel bildet nur das Blatt Nr. 60, welches eigentlich zum Genre gehört, aber da es nach Berghem ist, der Uniformität wegen den Landschaften nach Berghem vorgesetzt wurde, welche ohnehin meistens gemischten Inhaltes sind, so dass es oft schwer ist, zu entscheiden, ob Landschaft oder Genre vorherrsche.

Schliesslich sage ich meinen innigsten Dank allen meinen Freunden, die als Besitzer oder als amtliche Leiter von Kunstsammlungen mein Bestreben, ich kann sagen freundlichst und unverdrossen, unterstützt haben.

Der Verfasser.

Einleitung.

So reich auch das siebenzehnte Jahrhundert an niederländischen Künstlern ist und so fruchtbar diese in ihren geschaffenen Werken erscheinen, so stiefmütterlich sind dagegen oft die Nachrichten über das Leben der Künstler selbst. Oft sind die Geburts- und Sterbejahre ganz unbekannt, oder variiren die Angaben über dieselben. Jan Visscher gehört gleichfalls zu Jenen, die mehr durch ihre Werke als durch das Leben bekannt sind. Als sein Geburtsort wird Amsterdam, als sein Geburtsjahr 1636 genannt. So steht es auch auf seinem Portrait, welches C. v. Noorde in Zeichnungsmanier gestochen hat.*) Das Todesjahr und was zwischen seiner Geburt und seinem Tode liegt, blieb unbekannt. Er soll noch 1692 gelebt haben. (Josi: Pl. v. Amstel. Neue Ausg.) Seine Werke, besonders die nach Wouwerman, Ostade und Berghem, zeigen uns seine Meisterschaft in der Führung der Radirnadel, und Niemand hat den Geist des Berghem so gut aufgefasst, wie Er. Das erkennt man besonders, wenn man eine gut ausgeführte Originalzeichnung Berghem's mit der radirten Nachahmung des J. Visscher vergleicht.

Im Portraitfache erreicht er zwar nicht die Virtuosität seines Bruders Cornelis, aber die Bildnisse des Catzius, Hulst, Lantmannus, Ruyter werden jeder Sammlung stets zur Zierde gereichen.

Wenn man die Werke beider Brüder, des Cornelis und Jan, besonders die landschaftlichen, kritisch vergleicht, so wird man zur Ueberzeugung kommen, dass ein Bruder dem andern oft bei der Arbeit geholfen hat. Um nur ein Beispiel anzuführen und die Sammler selbst zur eigenen Untersuchung zu bestimmen, erwähne ich die zwei Folgen Landschaften, die Nagler beim

---

*) Ein anderes Bildniss des Meisters von Jac. Matham, wie es Nagler bei diesem Meister anführt, kam mir nirgends vor. Christ. Kramm (de Levens en werken der hollandsche en vlaamsche Kunstschilders &. Amsterdam 1863) nennt beim Artikel J. Visscher diesen einen Bruder des Cornelis und Lambert, bemerkt aber, Jan Visscher wäre nicht, wie es oben am Portrait von Noorde steht, und wie Immerzeel und Andere es behaupten, in Amsterdam, sondern in Harlem geboren. Die Quelle, aus welcher Kramm hier geschöpft, wird nicht angegeben.

Cornelis unter Nr. 171—173 und 174—177 beschreibt. Der Baumschlag und vieles Andere ist abweichend von der Manier des Cornelis und vollkommen übereinstimmend mit jener des Jan. Dagegen mag Cornelis in manchen Blättern des Jan, besonders beim Figürlichen, Antheil haben, und die zwei Blätter nach Romeyn weichen so sehr von der Manier des Meisters ab, dass trotz der Aufschrift Cornelis nicht den kleineren Theil daran gearbeitet hat. Dasselbe kann der Fall sein mit den zwei Blättern, die unter Nr. 18 und 19 im Anhange beschrieben sind.

Die Meister, nach denen J. Visscher gearbeitet hat:

Eigene Zeichnung oder Blätter ohne Angabe des Zeichners, 1. 2. 3. 4. 6. 7. 8. 10. 15. 16. 17. 18. 20. 21. 22. 24.
Bane, Johan de, 9.
Berckmans, Hend., 14.
Berghem, 71—153.
Brouwer, A., 38—41.
Bray, S. de, 11.
Dyck, A. van, 13.
Goyen, J. van, 59—70.
Livens 23.
Noort, Joan. van, 12.
Ostade, Adr. van, 50—58.
Post, P., 32.
Romeyn, W., 156. 157.
Scheitz 28.
Schick, P., 19.
Torquatus, A., 33. 34.
Visscher, Corn., 25—27.
Webber, Z. 5.
Wouwerman, P., 42—49.

I.
Portraits nach dem Alphabet.

1. Heinrich van Alckemade.
H. 13″ 6‴, B. 9″ 1‴.

Er ist dargestellt als Brustbild in ovaler Einfassung, im priesterlichen Gewande und Talarmantel, die rechte Hand auf die Brust gelegt; sein Gesicht, in dreiviertel Ansicht nach rechts schauend. Die Knöpfe des Gewandes mit Schnüren und Quasten verbrämt. Im Hintergrunde rechts ein kleines Crucifix. In der Einfassung stehen die Worte: Effigies R. P. Henrici van Alckemade — Amstelodam obiit 7. Novemb. 1680. Atatis 67. Miss. 35. Oben in der Mitte derselben Einfassung das Zeichen des Jesuitenordens (J. H. S.), dessen Glied van Alckemade war. Unten ist das Wappen mit dem Löwen nach links; darunter im Postament vier lateinische Verse: Quem sibi Relligio — Pietate nitet. Rechts darunter: R? Cygnacus cecinit; links: J. d. Visscher fecit. — Das schöne Blatt ist breit gestochen.
    I. Cygaeus, statt Cygnaeus.
    II. Wie oben.

2. Doctor Alphonsus.
H. 5″ 4‴, B. 4″ 11‴.*

Das Portrait in halber Figur ist nach rechts gewendet, wobei das Auge aus dem Bilde gerade herausschaut. Am Kopfe trägt der Gelehrte kurzes Haar, dafür ziert ihn ein reicher Schnurr- und Knebelbart; er ist mit einem Talar bekleidet. Am Halse trägt er einen weissen Kragen. Der Hintergrund ist fleckig.
    I. Abdruck. Vor aller Schrift.
Ein solcher Abdruck befindet sich in der Albertina in Wien. Auf der leeren Fläche steht von alter Hand mit Tinte geschrieben: Doctor Alphonsus Portugallensis Medicus Ambstelrodami.

3. Gerardus Blasius.
H. 7″, B. 5″ 2‴.*

Halbe Figur. Der Professor hat sehr langes gelocktes Haar, einen Schnurr- und kleinen Knebelbart und trägt ein Käppchen.

Rechts ist theilweise ein Tisch sichtbar, über welchem der Dargestellte ein offenes Buch hält und mit der rechten Hand auf ein Skelett zeigt, das im Buche abgebildet ist. Den Hintergrund bildet ein Vorhang. Unten steht: Gerardus Blasius | Medicinae Doctor et Professor. Sonst ohne Bezeichnung, aber ganz in der Weise des Meisters behandelt. Ich fand in der k. k. Privatsammlung nur ein verschnittenes Exemplar.

4. Johannes Erasmus Blum,
H. 10″, B. 7″ 11‴.*

lutherischer Prediger in Amsterdam; er steht, als Gürtelbild dargestellt, bei einer kantigen Säule vor einem am Tische aufgeschlagenen Buche. Das Gesicht, welches ein Schnurr- und kleiner Knebelbart ziert, ist eingerahmt vom lockigen Haar, auf welchem ein rundes Sammetkäppchen ruht. Die Falten des Talars, welche über den linken Arm gehoben sind, werden unter dem rechten zusammengehalten; die rechte Hand liegt auf der Brust, während die linke ein Blatt des Buches aufhebt, dessen Schatten bis über die untere Schrift sich ausdehnen. Rechts oben auf der Wand ist zu lesen: J. de Viffcher fculp. Die Unterschrift lautet: Johannes Erasmus Blum Darmstatinus Hassus Eccles. August. Confess. & Annis XIX Pastor Anno 1674 aetat. current. 51. Darunter acht holländische Verse: Hier toont — gy schaft. Rechts: J. V. Duisberg. Links: Zyn te bekomen inde fout fteegh by Joannes Stalford.
I. Wie beschrieben.
II. Mit der Adresse: Amst. inde Zoutsteeg, by Stalford.

5. Derselbe.
Nach Zach. Webber.
H. 6″ 2‴, B. 3″ 6‴.*

Brustbild in einer ovalen Einfassung; er ist halb nach links gewendet, sieht heraus, hat Schnurr- und kleinen Knebelbart, langes Haar, worauf ein Käppchen. Die Umschrift lautet: Johannes Erasmus Blum Darmstatinus — A⁰ MDCLXXIV. Aetatis LI (in Unzialen). Unter dem Ovale ist ein Postament, auf welchem das Motto steht: Incgnuè et benevolè. Auf der Unterlage des Postamentes zwei holländische Verse: Hier werd — volcks gefoncken. J. v. Duisberg. Unter dem Stichrande steht links: Zach. Webber delineav. Rechts: J. de Viffcher Sculpf.

Sehr selten. Das Portrait scheint in ein Buch zu gehören. Blum gab drei Werke heraus: Tugendschule der Natur. Amster-

dam 1666. 12⁰. In diesem Werke ist es nicht. — Vögel, der
Christen Lehrmeister, aus Jer. 8, 7. Amst. 1666. 12⁰. — Alde
en nieuwe Boet-Bafuyn. Amst. 1674. 8⁰. Ich vermuthe, es
dürfte in diesem letzteren sich vorfinden; ich konnte das Buch
nicht zu Gesicht bekommen. Das Blatt selbst ist mir durch die
Güte des Hrn. R. Weigel zugänglich gemacht worden.

6. Cornelius Catzius.*)
H. 16" 5''', B. 12" 5'''.

In einem Gemache, dessen Hintergrund links mit einer Draperie
theilweise bedeckt wird, während rechts auf einer runden Säule
das Wappen (mit drei Muscheln und drei Andreaskreuzen) hängt,
sitzt der Dargestellte, als Kniestück gezeichnet, in einem Lehnstuhle, den Körper gegen links gewendet, den Kopf fast en
face, im geistlichen Kleide mit Philakterien, an welchen immer
drei Knöpfe zusammen verbrämt sind. Das Haar, oben schütter,
fällt in reichlichen Locken herab; er trägt Schnurr- und Knebelbart, die rechte Hand ruht auf der Brust, die linke auf der
Stuhllehne. Vor ihm, links des Blattes, steht ein Tisch, mit
einem Teppich gedeckt; auf demselben vor einem Crucifix liegt
über einem zugemachten ein offenes grosses Buch mit mehreren
Bändern als Lesezeichen versehen; hinter demselben stehen drei
andere Bücher. Im Unterrande steht: Admodum Reverendus atque Amplissimus Dominus Cornelius Catzius
Provic. Harl. | Sacrarum Virginum Præpositus, vir in
Consilio Providus, in agendo strenuus, in otio non |
otiosus, dum pacem patiendo servat et exhaustis
viribus verbo prædicationis instat, | laboribus ac
vita pie defunctus est Harlemi anno 1671, 3. Januarii,
ætatis suæ 58. Rechts: J. de Vifscher fecit.

7. Jacob Hovius.
H. 11" 6''', B. 8" 9'''.

Kniestück. Er sitzt im Lehnstuhl gegen rechts gewendet, herausschauend, ist im Priesterkleide, darüber ein Mantel, hat
Schnurr- und Knebelbart, ein Käppchen auf dem Kopfe und
breite Halsstreifen. Die rechte Hand liegt auf der Stuhllehne,
die linke ist unsichtbar. Im Grunde sind kantige Säulen und
rechts unten stehen drei Folianten mit metallenen Schliessen.
Im Unterrande steht: Jacobus Hovius Ecclesiastes Enchusanus, | obiit XXI Martii, A⁰ MDCLXXIV. Darun-

---

*) Corn. Catzius Gorcomiensis, J. U. Dr., Notarius Apostolicus, Canonicus
Decanus Harlem. Capit. obiit 1671. (Batavia sacra II. pg. 336.)

ter getheilt links und rechts je vier holländische Verse: **Dus keek — der Vromen leggen.** Darunter rechts der Name des Dichters: H. Vander Meer.

8. Abraham van der Hulst.

H. 18″ 4‴, B. 13″.

Dieses sehr schöne Hauptblatt stellt den Seehelden in halber Figur in einem Oval von Palmblättern dar, wie er, den Leib ein wenig nach rechts gewendet, die rechte Hand in die Seite gestützt, die linke auf dem Commandostab ruhend, den Beschauer ansieht. Er trägt langes Haar und einen Schnurrbart, über dem Wamms hängt auf einer Kette eine Medaille herab, darüber befindet sich der Schwertriemen und die Schärpe; der Hals ist mit einem weissen Spitzentuch gedeckt. Oberhalb des Hauptes theilen sich die dunklen Wolken und lassen einen hellen Schein durchbrechen. Unter dem Portrait, rechts und links mit einer Seeschlacht auf offenem Meere umgeben, ruht über einem Grabsteine das Wappen mit fünf Blättern und drei Vögeln. Die Inschrift auf dem Piedestale lautet: **Der Onfterfelycke Zeehelt | Abraham vander Hulst, Viceadmiral von Hollant en Westvrieslant, | onder het Ed. Moog. Collegie ter Admiraliteyt tot Amsterdam, geboren in Amsterdam | 1619, geschoten en voor't Vaderlant overleden inde bevochte Victorie tegens de Engelsche den 12 juni 1666.** | Darunter acht lateinische Verse (vier Disticha): **Qui toties — ossa solo. H. Menslage.** Rechts: **Jan de Vifscher sculpfit.** Am Postament: **Pulchrum et decorum est pro patria mori.** Das ganze Blatt ist mit einer Guirlande von Bändern und Epheu umrahmt.

9. Thadaeus Lantmannus.
Nach Joh. de Bane.

H. 14″ 2‴, B. 10″ 8‴.

Dieses mit Virtuosität gestochene Portrait führt uns den Genannten als Brustbild in einem Ovale vor. Er trägt einen Schnurrbart, langes herabfallendes Haupthaar, ist mit einem Talar bekleidet, über welchem sich ein grosses eckiges Collare ausbreitet. Das Gesicht, fast en face, etwas gegen links, sieht freundlich den Betrachter an. Die Schrift (in der Verzierung) lautet: **Thadaeus Lantmannus, Ecclesiae Dei primum Sevenhoviae, deinceps Delfis | nunc Hagae — Comitis, sub divina Clementia Pastor.** In den Ecken sind Oel- und Palmzweige. Links: **Johann de Bane pinxit.** Rechts: **J. de Viffcher Sculpsit.** Darunter: **F. V. Tongheren exc.**

I. Vor aller Schrift. (Sehr selten. In der Albertina befindet sich ein solches im vorzüglichsten Zustande aus der Collection Graave.)
II. Mit der Schrift, wie oben beschrieben.
III. Mit der Adresse: J. Tangena.

10. Zacharias de Mez, Episcopus Trallensis.
H. 15" 10''', B. 10" 10'''.

Kniestück. Er sitzt im Lehnstuhl, nach links gewendet, mit Schnurr- und Knebelbart, Rochette und Mozette, hält mit der Rechten einen auf seine Adresse lautenden Brief und sieht heraus. Auf dem Tische links ein Crucifix und eine Glocke. Oben ein Wappen. Den Grund rechts nimmt ein Vorhang ein. Die Unterschrift besteht aus fünf Zeilen: Perill^{ris} ac Reverend. — aeternae eris justus. (Alles in Unzialen.)

Im Amsterdamer Museum als Jan de Visscher bezeichnet; ich würde ihn eher dem Corn. Visscher zuschreiben.

11. Simon van der Plas.
Nach de Bray.
H. 11" 8''', B. 8" 3'''.

Angethan mit einem reichgefalteten Habit mit Philakterien, das Haupt mit langen Haaren bedeckt, mit Schnurr- und Knebelbart, in dreiviertel Ansicht zum Beschauer gewendet, sitzt der Pastor, nach links gekehrt, als Kniestück aufgefasst, in einem Lehnstuhl, auf welchen sich seine Linke stützt, während seine Rechte auf dem geöffneten Foliobuche ruht, welches auf dem mit einem Teppich gedeckten Tische links des Blattes vor einem Crucifix liegt. Mehr zurück stehen vier andere Bücher; auf dem Schnitt des grössten stehen die Worte: Aetatis suae 34 Obiit 1662 post obitū pictus est a D. Bray. Den Hintergrund bildet ein Vorhang, der links durch ein Fenster die Aussicht in's Freie lässt, wo man ein Dorf mit einer Kirche erblickt. Die Unterschrift lautet: Mr Simon van der Plas, Pastor tot Spaarwouw. Darunter sechs holländische Verse: Dit's Simon — van de Liede. Sa. de Bray. Links: J. de Viffcher fculp.

12. Petrus Proëlius.
Nach Joan. van Noort.
H. 11" 2''', B. 7" 11'''.

Er ist in gleicher Stellung mit derselben Umgebung dargestellt, wie Hero Sibersma (Nr. 15.). Der Unterschied liegt in der Grösse der Platte und in der Form der Halskrause, die beim Sibersma vorn breit ist, während sie hier auf den Achseln breiter erscheint. Unter derselben sind Quasten zu sehen. Unter

dem Stichrande steht: **Petrus Proelius Ecclesiastes Amstelædamensis.** Darunter links vier lateinische Disticha: **Jam satis — justa neci.** Rechts acht holländische Verse: **'t Is lang — harten vriend!** Links: **Joan. van Noort pinxit.** In der Mitte: **Jacobus Heiblocq.** Rechts: **Nicolaus Vischer excudit.** (Der Name des Stechers ist, wie beim Sibersma, auf der beschatteten Mauer.) Tiefer darunter: **Obiit 19. August 1661.** Darunter: **Aetatis 45.**
I. Vor der Schrift. Amsterdam.
II. Wie oben beschrieben.
III. Mit der Adresse: **Joannes de Ram Excudit.**

13. P. P. Rubens.
Nach A. van Dyck.
H. 9" 7''', B. 8" 4'''.*

Der Fürst der Flandrischen Schule ist als Brustbild nur skizzenhaft behandelt; doch ist der Kopf, der, nach rechts geneigt, mit halb offenem Munde Etwas zu fixiren scheint, sehr fleissig mit der Radirnadel ausgeführt. Das Obergewand ist mit wenig Strichen nur oberflächlich hingeworfen. Die Unterschrift lautet: **Petrus Paulus Rubens eques. Regi catolico** etc. Links: **Ant. van Dyck delini** Rechts: **Joan. de Viffcher fecit Aqua forti** In der Mitte: **Clemendt de Jonghe excudit.**
I. Vor der Schrift. Aeusserst selten. In Amsterdam.
II. Wie oben beschrieben.
III. Mit der Adresse: **F. de Wit.**
IV. Mit der Adresse: **Marrebeeck.**

14. Michiel de Ruyter.
Nach Hend. Berckmans.
H. 13" 8''', B. 12" 5'''.*

Dieser berühmte Admiral Hollands ist in halber Figur, ein wenig gegen links gewendet, aber aus dem Bilde herausschauend dargestellt. Ueber dem Wammse trägt er einen kleinen Eisenpanzer, das Schwert hängt auf einem Währgehänge, auf welchem Delphine gestickt sind. Auf der linken Brust trägt er auf mehreren Kettchen eine Medaille, auf der eine Seeschlacht abgebildet ist; die linke Hand hat er in die Seite gelegt, während die rechte den Commandostab hält. Den Hintergrund bilden Schiffe auf dem Meere. Das Bildniss ist breit und glänzend gestochen. Die Schrift lautet: **Den E. Manhaften Zee Held, Michiel Adr de Ruyter L: Admirael General** etc. Darunter acht holländische Verse: **De Ruyter — de Dood.** Links: **Hend. Berckmans Pinxit.** In der Mitte: **Joannes Viffcher fculpsit.** Rechts: **Frederik de Widt Excudit.** Darunter ist eine Dedication des Widt an Corn. Lampsius.

I. Vor der Adresse des Widt. Selten.
II. Wie oben beschrieben. (Drugulin: Portraitkatalog Nr. 17937 = 4 Thl.)
Es giebt eine alte schöne Copie im verkleinerten Maasse.

15. Hero Sibersma.
H. 11" 3''', B. 7" 11'''.

Er steht, als halbe Figur, in Priesterkleid und Talar eingehüllt, bei einer runden Säule, etwas nach links gewendet, zum Beschauer blickend; die rechte Hand ruht auf der Brust, mit der linken zeigt er nach unten. Hinter ihm ist ein Tisch mit drei Büchern, wovon eins aufgeschlagen ist, theilweise zu sehen. Oben im Schatten der Mauer links steht: Joan. de Visscher sculpsit. Die Schrift unten lautet: Hero Sibersma ecclesiastes Amstelodamensis. Darunter vier holländische Verse: Het Statelyke — op Draagt. Unten: Joannes de Ram Excudit cum Previl. Holl. et Westfrisiæ.
Der Entwurf zur Kleidung und Figur ist fast ganz wie beim Portrait des Proelius.

16. Bernardus Somer.
H. 11" 7''', B. 8" 3'''.

Er steht in halber Figur, im Priestergewande und Talarmantel, bei einer kantigen Säule, die rechte Hand auf die Brust gelegt, vor einem aufgeschlagenen Buche, worin er mit der linken auf die Worte hinweist: Hebre. Cap. I. en. Links innerhalb des Stichrandes steht: J. de Viffcher sculpsit. Die Schrift: Bernardus Somer ecclesiastes Amstelodamensis. Links darunter vier lateinische Verse: Quam faciet lætas — numerose tenis. B. Becker. Rechts vier holländische Verse: Dit is de Schets — bestralen. A. V. L. D. Schelte. Links: By Servaas Witteling in de Kocstraat.
I. Vor der Schrift. In Amsterdam.
II. Mit der Schrift.

17. Joannes Uitenbogaerdt.*)
H. 5", B. 4" 3'''.*

Als Brustbild ist der Dargestellte gegen rechts gewendet, während das Gesicht fast en face aus dem Bilde herausblickt. Er

---

*) Joh. Uyt-Ten-Bogaert natus Ultrajecti 1557. Predicator Calvin. deinceps Professor Lugduni Batav. obiit Hagae-Comitis 1644. 4. Septbr. (Biblioth. Belg. cura Joh. F. Foppens II. pag. 748.) Ejusdem opuscula (prope centum) exhibet Adrianus a Cattenburgh in Bibl. Scriptorum Remonstrantium. Amstel. 1728.

trägt Schnurr- und vollen Kinnbart, auf dem haarlosen Oberkopfe ein rundes Käppchen, um den Hals einen breiten gefalteten Kragen; das Obergewand ist mit Pelz verbrämt. Unten steht: Johannes Uitenbogaerdt. Darunter sechs holländische Verse: Gy Christen — vaderlandt. G. Brandt. Links: Joh. de Viffcher fculp.

18. **Wilhelmus Velingius.**
H. 13″ 1‴, B. 10″.

Brustbild in einem Oval mit Einfassung. Er ist nach rechts ein wenig gewendet, schaut heraus, trägt ein Käppchen, breite Halsstreifen und einen Talar. Im Piedestal steht: Wilhelmus Velingius, Bedinaer des Godlyken Woords &c. Rechts unten: Met Privilegie. Rotterdam etc.

Ist in der k. k. Privatsammlung als Jan Visscher's Werk registrirt.

19. **Verhellius.**[*]
Nach P. Schick.
H. 7″, B. 4″ 9‴.

Er ist dargestellt als Gürtelbild im Priesterkleide und Talarmantel, dreiviertel nach links; auf dem Kopfe trägt er eine schwarze Kappe und die linke Hand hält ein Buch.

I. Vor aller Schrift. Sehr selten.
II. Mit vier lateinischen Versen: Mortale est — scripsit. Darunter links: P. Schick delinia. In der Mitte: J. de Visfcher fculp. Rechts: Dr G. Kaldenbach Bibliot. Francq. 1662.

20. **M. Nicolas Vernere.**
H. 8″ 10‴, B. 7″ 2‴.*

In einer Rundung sieht man das Brustbild des Genannten vor einem aufgeschlagenen Buche; er hat schwarzes Haar, Schnurr- und kurzen struppigen Backenbart; der Körper ist ein wenig nach links, das Auge zum Beschauer gewendet; mit der linken Hand drückt er ein Buch auf die Brust. An der Wand links bemerkt man ein Crucifix.

Wird dem Jan Visscher zugeschrieben.
I. Vor aller Schrift. Oben in der Mitte der Rundung ist der Entwurf zum Wappen, unten eine gerollte leere Tafel. (In der Albertina befindet sich ein solches Exemplar, auf welchem mit alter Schrift die Worte stehen: Me Nicolas Vernere prestre. Im Katalog ist eine zweite Lesart: Vernerey.)

---

[*] Arnoldus Verhellius natus Amesforti 1580. J. U. Dr. et Philos. Profess. obiit 1664. (Biblioth. Belgica cura Joh. F. Foppens. Brux. 1739. I. pag. 104.)

21. Cornelius Visscher.
H. 9" 11''', B. 7" 7'''. (Durchschnitt der Rundung: H. 8", B. 6" 2'''.)

Joannes hat seinen Bruder als Brustbild in einem Ovale, mit langen Haaren dargestellt, wie er, in einen Mantel gehüllt, dessen Seitenfutter umgeschlagen ist, gegen links gewendet, die rechte Hand auf die Brust legt.

(In der Albertina ist ein Abdruck von der unvollendeten Platte.)

22. G. Voetius.
H. 11" 9''', B. 8" 4'''.

Mehr als Brustbild in ovaler Einfassung. Er sitzt, nach rechts gekehrt, sieht aus dem Bilde heraus, hat Schnurr- und Knebelbart, trägt ein geistliches Kleid mit doppelten Aermeln und seine rechte Hand ruht auf einem offenen Buche. Rechts sieht man noch andere Bücher. In der Einfassung liest man: **Gisbertus Voetius — Theologiæ in Academia Ultrajectina Professor — Aetat. LXVIII. A⁰ 1657.** (In Unzialen.) Im Unterrande sind drei lateinische Disticha von Anna Maria à Schurman: **Quid tenui — noftra virum.** Links: **Cl. de Jonghe excudit.**

Im Pariser Museum als J. de Visscher bezeichnet.

23. Jod. Vondel.
Nach Livens.
H. 5" 5''', B. 3" 5'''.

Mehr als Brustbild, fast in Vorderansicht, im Mantel; er hat einen breiten Halskragen und hält mit der rechten Hand eine Rolle. Rechts im Grunde ist Landschaft. Im Unterrande stehen zwei holländische Verse: **In Vondel — leven by.** Darunter: **Prudenter.**

Im Amsterdamer Museum als J. de Visscher einregistrirt; ich zweifle aber an der Echtheit. Es giebt eine schlechte gegenseitige Copie.

24. Unbekanntes Portrait (eines Bischofs?).
H. 6" 6''', B. 5".

Männliches Brustbild in Oval. Er hat Schnurr- und Knebelbart, helles Haar, ist nach links gewendet, hat verbrämte Aermel und hält mit der Linken das Pectoralkreuz. In den vier Ecken sind Wappen; unten ein bischöfliches.

In Amsterdam als J. de Visscher eingetragen.

I. Vor aller Schrift.

25. **Weibliches Brustbild ohne Kopfbedeckung.**
Nach Corn. Visscher.
H. 4" 8''', B. 4" 8'''.

Das alte lachende Weib mit markirten Zügen, blossem Kopfe und einem Halstuche, ist nach links gewendet, schaut aber heraus.
I. Vor aller Schrift.
II. Mit der Schrift (auf besonderer Platte): Cornelius de Visscher ad vivum delineavit : Johannes de | Visscher fecit aqua forte. Rechts: Jan Kralinge Excudit. (Weigel Nr. 18980. 3 Thlr.)

26. **Weibliches Brustbild.**
Nach C. Visscher.
H. 4" 8''', B. 4" 8'''.

Das alte Mütterchen hat auf dem Kopfe eine Haube und darüber einen Filzhut; es ist gegen rechts gewendet, schaut aber aus dem Bilde heraus. Es wird auch das Fischweibchen von Leyden oder die Mutter des C. Visscher genannt.
I. Vor aller Schrift. Sehr selten.
II. Mit der Schrift (auf einer besonderen Platte): Cornelius de Visscher ad vivum delineavit. Johannes de | Visscher fecit aqua forte. Rechts: Jan Kralinge Excudit.

Bei Weigel (Nr. 18979) ein I. Zustand 4½ Thlr.

Es giebt von diesem Blatte eine schöne Copie von der Originalseite; auf dieser steht links: C. d. Vifscher ad viv. del. Rechts: Joh. Bemme f. aq. forti 1800.

27. **Der Mohr.**
Nach C. Visscher.
H. 12" 5''', B. 10" 4'''.

Er ist in halber Figur unter einem Felsenvorsprung, der links des Blattes die Aussicht in eine öde Gegend gestattet, dargestellt, wie er in der Rechten den Pfeil, in der Linken den Bogen hält und nach rechts (des Blattes) sieht, woher er zu fliehen scheint. Unten die Worte: Du heeft den Moor — in't oogh. Daruntnr links: C. de Visfcher ad vivum delineavit. Rechts: J. de Visfcher fculpsit.
I. Ohne Adresse.
II. In der Mitte: J. van der Horst excud.
III. Statt der vorstehenden Adresse: Justus Danckerts excudit.
IV. Statt dieser die Adresse von Marebeek.

II.
Historische Darstellungen aus der Bibel.

28a — z. Die folgenden 25 Darstellungen kommen in der Bibel vor, welche in Lüneburg 1672 im Verlage der Sterne herauskam, und, weil alle Darstellungen von M. Scheits gezeichnet sind, auch oft die Scheits'sche Bibel heisst.

28a. Abraham und Melchisedek. Genes. XIV. Cap. — Abraham in Rüstung mit Federhelm steht links, hinter ihm sein Kriegsheer, ihm zur Linken die Sarah mit Isaak. Melchisedek, mit langem Barte und alttestamentlichem Priesteranzuge, nähert sich ihm mit seinen Dienern (deren einer vorn knieend den Krug hält) und bringt dem Sieger drei Brode dar. Im Unterrande steht links: M. Scheits del: Rechts: de Viffcher.
H. 9" 3''', B. 7" 5'''.

28b. Sieg des Josua. Jos. X. Cap. — Im Mittelgrunde einer von Bergen eingeschlossenen Gegend geht die Schlacht vor sich. Josua sitzt zu Pferde rechts im Profil nach links und befiehlt der Sonne, still zu stehen. Unten beim Rande steht links: Viffcher fe. Mehr gegen die Mitte: M. Scheits fig.
H. 9" 2''', B. 7" 3'''.

28c. Jael tödtet Sisera. Judic. IV. Cap. — In der Mitte des Blattes steht die alttestamentliche Heroine, mit dem Hammer in der Linken, und zeigt mit der Rechten dem Barak und seinen Begleitern nach der Hütte, wo Sisera, den Nagel im Kopfe, todt am Boden liegt. Unter dem Stichrande links: M. Scheits del. Rechts: de Viffcher.
H. 9" 2''', B. 7" 3'''.

28d. Der Stamm Benjamin versorgt sich mit Weibern. Judic. XXI. Cap. — Man sieht die Töchter von Siloh, die mit Instrumenten in die Weinberge gingen, in verschiedenen Gruppen von den Benjamitern angefallen und mehr weniger sich wehren. Unter dem Stichrande links: M. Scheits del. Rechts: de Viffcher.
H. 9" 2''', B. 7" 3'''.

28e. Die Königin von Arabien vor Salomo. II. Chron. IX. Cap. — Der König steht rechts in einem Säulengange, nach links zur Königin gewendet, die, ihn begrüssend, sich ihm nähert. Sie ist vom Gefolge begleitet, welches Geschenke bringt. Unter dem Stichrande rechts: de Viffcher.
H. 9" 2''', B. 7" 5'''.

28f. Der Bau des Tempels. Esra III. Cap. — Rechts im Grunde erhebt sich bereits der Bau einigermassen. Links

sieht man den Hohenpriester, einen Feldherrn, den Baumeister und mehrere Andere in Unterredung. Im Vordergrunde rechts werden Quadern behauen. Rechts unten beim Rande: M. Scheits del. Hamb. Unter dem Stichrande ebenda: J. de Viffcher.
H. 9" 2½''', B. 7" 4'''.

28g. **Das Gastmahl des Ahasverus.** Esth. I. Cap. — Der König sitzt links unter einem Vorhange am ersten Platze des Tisches, bei welchem man sieben Gäste sieht. Beim Könige schenkt ein Knabe ein, vorn hebt ein Diener Krüge aus dem Wasser heraus. Andere Diener stehen umher. Beim Rande, fast in der Mitte steht: J. de Viffcher.
H. 9" 1½''', B. 7" 5'''.

28h. **Matathias eifert für den wahren Gott.** I. Maccab. II. Cap. — Rechts sitzt die heidnische Göttin auf einem Throne vor dem Tempel, dessen Vestibul von zwei mit Blumen bekränzten Säulen getragen wird. Der Prophet Matathias kommt von links und erschlägt den Israeliten, der, vor dem Altare knieend, ein heidnisches Opfer darbringt. Vorn liegt sein Diener todt am Boden. Rechts unter dem Stichrande: de Viffcher.
H. 9" 6''', B. 7" 6'''.

28i. **Susanna und die beiden Alten.** Lib. Susanna. — Im Vordergrunde steht Susanna fast nackt, gegen rechts gekehrt, im Wasserbecken, das mit einem Springbrunnen geziert ist, und scheint den Versuchungen der Alten entfliehen zu wollen, die links stehen, und deren vorderer ihr die Hand auf die rechte Schulter legt. Im Grunde links ist das Gericht über die Alten, rechts auf einem Berge ihre Steinigung sichtbar. Rechts unter dem Stichrande: de Viffcher.
H. 9" 2''', B. 7" 4'''.

28k. **Die Rechenschaft.** Matth. XVIII. Cap. — Der König sitzt rechts auf dem Throne, im Profil nach links. Hinter ihm ist ein Tisch mit zwei Schreibern. Es erscheinen Zwei, um Rechnung abzulegen. Der Schuldner kniet vor dem Könige und bittet mit gefalteten Händen um Barmherzigkeit. Im Grunde links sieht man denselben seinen Mitknecht würgen und noch entfernter wird er in den Thurm gefangen geführt. Unter dem Stichrande links: M. Scheits del. Hamb: Rechts: J. de Viffcher.
H. 9" 4''', B. 7" 5'''.

28l. **Die fünf klugen Jungfrauen.** Matth. XXV. Cap. — Drei gehen in der Mitte mit brennenden Lampen; vor ihnen trägt ein Knabe eine Fackel und ein Mädchen streuet Blumen. Ein Knabe folgt mit dem Oelzweig in der Hand, weiter die zwei anderen Jungfrauen, der Bräutigam und Andere. Aus dem Dop-

pelfenster schauen drei Personen heraus. Links beim Rande:
M. Scheits figuravit. Rechts: J. Vifscher fc.
H. 9" 2''', B. 7" 5'''.

28m. Die Grablegung Christi. Matth. XXVII. Cap. —
Links sieht man durch eine offene Thür das Grab im Felsen.
Joseph, Nicodemus und ein junger Mann tragen Jesum dahin.
Links kniet Magdalena neben einer Vase und weint. Bei der
Vase liegt die Dornenkrone. Rechts im Grunde Maria und zwei
Frauen trauernd. In der Ferne am Berge drei Kreuze. Links
beim Rande: M: Scheits del: Rechts unter dem Rande: J.
de Vifscher.
H. 9" 3''', B. 7" 5'''.

28n. St. Johannes wird enthauptet. Marc. VI. Cap. —
In der Mitte steht Herodias' Tochter, von einem Mädchen be-
gleitet, mit einer Schüssel in der Hand. Der Henker mit dem
Schwerte in der Rechten, fast vom Rücken gesehen, legt mit
der Linken den Kopf des Heiligen auf die Schüssel. Der todte
Leib liegt auf der Erde rechts vor dem offenen Gefängnisse. Im
Grunde links tanzt das Mädchen vor der Gesellschaft, die unter
einer Laube schmauset. Gegen links beim Rande: M. Scheits
figuravit Hamb. Rechts unter dem Rande: J. de Vifscher f.
H. 9" 4''', B. 7" 5'''.

28o. Christus jagt die Verkäufer aus dem Tempel.
Marc. XI. Cap. — Der Heiland geht in der Mitte nach vorn,
mit der Geissel in der Rechten. Links fliehen mehrere mit Läm-
mern und Tauben davon; rechts bemühen sich zwei Männer, den
umgestürzten Wechseltisch zu vertheidigen. Unten links beim
Rande steht: J. de Viffcher f. M. Scheits figuravit.
H. 9" 3''', B. 7" 4½'''.

28p. Die Dornenkrönung. Marc. XV. Cap. — Der Heiland sitzt rechts, nach links gewendet, mit Dornenkrone, Mantel
und Rohr. Mehrere Soldaten stehen um ihn und verhöhnen ihn.
Einer kniet vor ihm, um ihn wie einen König zu grüssen. In
einer Nische der Mauer steht die Bildsäule des Jupiter. Links
beim Rande: M. Scheits fig. Rechts unter dem Rande: J.
de Vifscher.
H. 9" 5''', B. 7" 4'''.

28q. Christus heilt einen stummen Besessenen.
Luc. XI. Cap. — Der Heiland steht links, von seinen Jüngern
umgeben, und segnet den von zwei Männern gehaltenen wüthen-
den, halb knieenden Kranken, von welchem ein Dämon weicht.
Im Grunde Volk und zwei Pharisäer. Unter dem Stichrande
links: M. Scheits del. Rechts: de Viffcher.
H. 9" 2''', B. 7" 4'''.

28r. **Der Judaskuss.** Luc. XXII: Cap. — Der Heiland steht rechts bei Bäumen, und Judas umarmt ihn, um ihn zu küssen. Hinter ihm rechts sind die drei Jünger, Petrus zieht das Schwert. Links kommen Soldaten mit Fackeln. Mehrere sind zu Boden gefallen. Rechts unter dem Rande: de Vifscher.
H. 9" 2''', B. 7" 5'''.

28s. **Christus in Emaus.** Luc. XXIV. Cap. — Er sitzt links beim Tische, nach rechts gewendet, emporschauend, und bricht das Brod, woran ihn die zwei Jünger erkennen, die zu beiden Seiten des Tisches sitzen. Im Grunde trägt die Magd eine Schüssel weg; rechts sieht man eine zweite in der Küche. Links beim Rande: M. S. Rechts unter dem Rande: J. Viffcher fculp.
H. 9" 3''', B. 7" 5'''.

28t. **Der Teich Bethesda.** Joh. V. Cap. — Im Mittelgrunde ist der Teich, der von vielen Gebrechlichen umgeben ist. Ein Engel fliegt auf Wolken zu demselben herunter. Im Grunde heilt der Heiland den Lahmen und im Vordergrunde trägt er sein Bettzeug auf dem Rücken, worüber ihm zwei Pharisäer, die rechts stehen, Vorwürfe machen. Rechts unter dem Stichrande: de Vifscher.
H. 9" 5''', B. 7" 5'''.

28u. **Christus vor Kaiphas.** Joh. XVIII. Cap. — Der Heiland steht gebunden zwischen zwei Soldaten vor dem Hohenpriester, der, von Pharisäern und Gelehrten umgeben, rechts vom Throne sich erhebt und voll Entrüstung sein Gewand zerreissen will. Vorn steht, vom Rücken gesehen, ein Knabe mit der Fackel. Links im Grunde Soldaten beim Feuer und der läugnende Petrus. Links unter dem Rande: M. S. inv. Rechts: de Vifscher.
H. 9" 4''', B. 7" 4'''.

28v. **Der Calvarienberg.** Joh. XIX. Cap. — Der todte Heiland hängt in der Mitte zwischen den Schächern am Kreuze und ein reitender Soldat öffnet mit einer Lanze dessen Seite. Unter dem Kreuze sieht man Maria, Johannes, Magdalena und Andere. Dem Schächer rechts werden die Knochen gebrochen; Soldaten würfeln um das Gewand; links im Vordergrunde weinende Frauen. Links unter dem Rande: M. Scheits inv. Rechts: de-Vifscher.
H. 9" 4½''', B. 7" 5'''.

28w. **Der ungläubige Thomas.** Joh. XX. Cap. — Der auferstandene Heiland steht rechts, von seinen Jüngern umgeben, und Thomas kniet vor ihm, zwei Finger seiner Rechten in dessen offene Seite legend. Rechts unter dem Rande: de-Vifscher.
H. 9" 3½''', B. 7" 5'''.

28x. **Heilung des Lahmgebornen.** Apg. III. Cap. — Petrus und Johannes stehen links bei der goldenen Pforte und Petrus hebt mit seiner Linken den Lahmen empor, der auf der Stufe sitzt. Unter dem Stichrande rechts: Viffcher fculp.
H. 9" 5''', B. 7" 4'''.

28y. **Die Engel mit Schalen.** Apoc. XVI. Cap. — Acht Engel schweben in der Luft und giessen aus den Schalen den Zorn Gottes über die Erde herab. Vorn links stehen zwei Könige mit Gefolge und ein Drache speiet Frösche gegen sie aus. Rechts unter dem Rande: de-Viffcher.
H. 9''' 1½''', B. 7" 4'''.

28z. **Ein Engel bändigt den Satan.** Apoc. XX. Cap. — Der Engel steht in der Mitte, hält mit der Linken einen Schlüssel, und treibt mit der Rechten den gefesselten Teufel in's Feuer. Oben auf Wolken kämpfen zwei Heere gegeneinander; alle sind beritten. Links unten steht: M. Scheits fig. Rechts: Viffcher fc.
H. 9" 1''', B. 7" 4'''.

29—31. Der Sturz des Grafen Johann Moritz von Nassau von der Brücke von Franeker 1665.
Drei Platten.

29. **Erste Platte: Der Einsturz der Brücke.**

Auf der Zugbrücke stürzt der Graf mit noch drei Reitern sammt der Brücke in's Wasser; ein vierter Reiter, der soeben vom Lande auf die Brücke zu reiten im Begriffe stand, hält sich an der Kette der Brücke. Links des Blattes, so wie im Hofe, im Hintergrunde sieht man das Volk, welches den Prinzen erwartete, in grosser Bestürzung.

Zu diesen, wie den folgenden zwei Blättern, sind besonders gestochene Texte in Guirlanden von Blumen, Obst, Thieren und Figuren von P. Nolpe. Hier stehen in der ersten Guirlande: Links drei lateinische Disticha: Dum pontem — ducem. P. Francius. Rechts: Volvitur in caput; und vier holländische Verse: de vriesche — daegen. J. v. Vondel.

I. Vor den Nummern bei den Hauptpersonen des Blattes.[*]
Im Bilde selbst sind auch Veränderungen. In dieser Abdrucksgattung hält sich der verunglückte Prinz fest am Pferde, welches sich anstrengt, an das Ufer zu gelangen.

---

[*] Es scheint ein Text zu der Geschichte zu existiren, in welchem die Personen nach den Nummern erklärt werden. Dem Verfasser kam aber keiner zu Gesichte. Vergl. besonders die neue Ausgabe des Ploos van Amstel, von Josi. Artikel: C Visscher.

Im Hofe, hinter dem Kopfe des Pferdes, sind beim Fenster mehrere Personen sichtbar.
II. Vor den Nummern. Das Pferd des Grafen bäumt sich zurück, die Personen im Hofe sind verschwunden, doch sind noch einige Spuren links beim Fenster sichtbar.
III. Wie der zweite, mit den Nummern bei den einzelnen Personen.
H. 17″ 9‴, B. 14″ 4‴.

30. Zweite Platte: Die Rettung.

Dieselbe Ansicht der eingestürzten Brücke von Franeker. Die Menschen rennen, schreien, bringen Leitern. Der Graf wird vom Pferde gehoben und auf der schief in's Wasser hängenden Brücke von Männern, die, einer den andern haltend, eine Kette bilden, hinaufgezogen. Mehrere Pferde schwimmen im Wasser herum.
I. Vor den Nummern bei den einzelnen Personen. Der Grund links oben wenig bearbeitet, beim Knie des Knaben und des Mädchens mit der Leiter fehlen die kleinen Schatten in Zickzackform. Die Randlinie rechts oben ist doppelt und gratig.
II. Eben so, nur ist die Linie einfach, der Grat fortgeschafft.
III. Mit den Ueberarbeitungen und Nummern.

In der zweiten Guirlande ist der Text: Links drei lateinische Disticha: Conculcatus — manum. Rechts: Sol in Aquario; und vier holländische Verse: Schoon vier — Water teken.
H. 17″ 10‴, B. 14″ 1‴.

31. Dritte Platte: Der Jubel.

Der gerettete Graf kniet vor der Brücke auf dem linken Knie und scheint Gott und dem Volke für seine Rettung zu danken. Das zahlreiche Volk bezeugt ihm seine Theilnahme und Freude. Auf der Brücke stehen die Buchstaben: S. P. G. F.

Text in der Guirlande, links: Talia tollebat — perge decus. Rechts: Ereptus ab Undis und: Hier ryst — krenken.
I. Vor den Nummern. Der Offizier links neben dem geretteten Grafen fehlt.
II. Ebenfalls vor den Nummern; aber der Offizier ist bereits da.
III. Mit den Nummern und der Adresse: Hugo Allardt Excudit.
IV. Eben so, aber mit der Adresse: Hendrick Focken Excudit (links unten).
V. Mit der Adresse von A. und H. de Leth.

Da die Adresse nur bei dem dritten Blatte vorkommt, so wäre anzunehmen, dass auch die erste und zweite Platte in fünf

Zuständen vorkomme. Da aber keine inneren Merkmale und Verschiedenheiten vorkommen, so dürfte die Güte des Abdruckes die Priorität angeben. H. 17" 8''', B. 14" 4'''.

32. **Dem Prinzen Wilhelm Heinrich von Nassau wird am 7. Mai 1665 der Eid feierlich geleistet.**
Nach P. Post.
H. 16", B. 13" 1'''.*
Auf einer Balustrade innerhalb einer hohen, aus Quadersteinen gebauten Mauer, von zahlreichem Volke umgeben, sitzt der Senat von Oranien. Ueber dem Gebäude erhebt sich die Sonne; rechts befindet sich ein hoher Baum, auf welchen Kinder steigen, um besser sehen zu können, unter demselben sitzt eine Mutter, die ihr Kind säugt. Links auf einem Steine steht: P. Post Inventor. J. de Viffcher fecit aqua forti. Unten ist noch eine alphabetische Erklärung der Hauptpersonen und die Schrift: Ordre et Appareil &. Sehr selten.

33. 34. **Zwei Blatt zu Panegyricus etc.**
Von A. J. Torquatus.
33. **Titelblatt. A.** — Man sieht einen Architrav, auf vier, rechts mit Blumen, links mit Dornen umwundenen gedrehten Säulen ruhend. Ueber demselben ist oben ein geharnischter Ritter mit der Krone, rechts und links von Wappenschilden umgeben. Im linken Schilde ist ein Löwe mit dem Schlüssel, rechts ein Ritter zu Pferd. Auf einem Bande stehen die Worte: ad gloriam. Noch höher ist ein junges Mädchen mit herabfallenden langen Haaren im Strahlenglanze, mit der Rechten drei Rosen haltend. Rechts und links hinter den Strahlen Waffen, Standarten und Kanonen. Zwischen den zwei Säulen links steht Hercules mit der Löwenhaut, mit der Linken die Keule, mit der Rechten einen Schild haltend, worauf ein Haus abgebildet ist. Er steht auf einem Piedestal, auf welchem unten das Wort: Virtute sichtbar ist. Rechts, als Gegenstück, steht ein junges Mädchen in der Tracht aus der Zeit des Meisters; sie hält mit der Rechten Krone und Kette, mit der Linken ein Schild, darauf ein Löwe mit dem Kreuze. Auf dem Piedestal steht: Honore. Unten in der Mitte ist das Wappen zwischen zwei liegenden Löwen, deren einer (links) einen Schlüssel, der andere (rechts) ein Kreuz hält. Unter diesem steht: I. de Vifscher fculpsit. Links: A. Torquatus invenit et fecit. Zwischen den zwei hinteren Säulen ist eine Löwenhaut ausgespannt, auf welcher der Titel steht: Aeternatura gloria | magni | Johannis Christophori | Königsmarchi | Herois | Comi-

tis | Belli Ducis | Senatoris | Gubernatoris | Post fata demum | Virtute | Honore | Gloria | Illustris.
H. 12" 10''', B. 8" 9'''.

34. **Titelblatt. B. — Eine Landschaft.** Im Mittelgrunde fährt nach vorn in Vorderansicht auf einem zweiräderigen Triumphwagen, der von vier Löwen gezogen wird, ein junges Mädchen, mit langem, herabfallendem Haare; auf dem Haupte hat sie eine mit Blumen bekränzte Krone und hält mit der Rechten drei Rosen, mit der Linken einen Schild, der in vier Theilen die Embleme enthält, welche auf vorigem Titelblatt auf den einzelnen Schildern erscheinen. Hinter dem Schilde ist theilweise links ein Schlüssel, rechts ein Kreuz sichtbar. Die Zügel der Löwen lenkt ein gepanzerter Ritter, der rechts, neben dem Wagen, einhergeht und mit der Linken eine Lanze mit der Fahne hält. Rechts in der Ferne Bäume, links ein Fluss. Oben in der Luft halten drei Genien ein Band, darauf steht der Titel: Gnomoglyphica | Ex Gentiliciis Insignibns Illmi Herois Johan Christ. Königsmarchi | deducta atque Versibus et Aphorismis | Politicis illustrata. | Auth. A.J.T.F. L.B.J.N. | Der Mittelgrund ist vom Vordergrunde durch eine niedrige Mauer getrennt. Vor dieser steht rechts und links ein nackter Genius, beide halten ein breites Tuch, auf welchem zwei lateinische Disticha stehen: Cerne Königsmarchi — latere Ducem. Links: A. Torquatus jnv. Rechts: J. de Vifscher Sc.
H. 12" 8''', B. 8" 9'''.

Beide Blätter zu dem Buche: Panegyricus Aeternaturae Gloriae invictissimo — — Joanni Christophoro Königsmarchio etc. etc. Authore Alex. Jul. Torquato, siehe R. Weigel's Kunst-Katalog 28. Abthl. Nr. 21168.

35. **Titelblatt zu J. Janssonius' Atlas Contractus.**
Nach Z. Webbers.
H. 16" 3''', B. 9" 10'''.

Ganze Figuren. Rechts sitzt beim runden Tisch ein Mann und weist auf die Landkarte hin. Neben ihm sitzen zwei Männer; die Hand des Einen mit dem Zirkel wird von einer Muse geführt. Im Gruude die Statue des Atlas. Auf dem Tische steht: Joannis Janssonii | Atlas | Contractus. Links unten: Z. Webbers delineavit. Rechts: J. Viffcher Sculpfit. Unterhalb: Amstelodami | Apud Joannis Janfsonij Hæredes. Anno MDLXVI. (Amsterdam.)

36. **Titelblatt zur Geographia Blaviana.**
H. 17" 4''', B. 11" 3'''.

Ein junges Mädchen mit der Mauerkrone, welches mit der Lin-

ken einen Schlüssel, mit der Rechten eine Tuba hält, sitzt in einem antiken Wagen, der von zwei Löwen gezogen wird. Auf diesen sitzen zwei Genien; der Zug ist begleitet von vier Mädchen, welche die vier Welttheile vorstellen. In der Luft sind fünf schwebende Genien, deren zwei ein Tuch halten. Das Blatt kommt vor in dem Werke: Geographia quæ est Cosmographiæ Blavianæ pars prima. Amstelodami 1665.
I. Vor der Schrift auf dem Tuche.
II. Mit den Worten darauf: Geographia Blaviana.

37. Titelblatt zum Cornelius Nepos.
H. 5″ 10‴, B. 3″ 8‴.

Links die fliegende Fama mit der Trompete. Rechts sitzt die Nymphe und ist im Begriffe, in ein offenes Buch zu schreiben, was ihr Saturn dictirt. Auf dem Piedestal links steht: Cornelii | Nepotis | Vitæ | Excellentium | Imperatorum | cum | quorundam | Iconibus. Rechts unterhalb des Saturn: J. Viffcher fculp.
I. Vor den Diagonalen in der Luft links oben. Im Unterrande steht: Amstelodami. | Ex Sumptibus Societatis. MDCCIV.
II. Ausgeführter. Unten steht: Lugd. Batav. | Apud Samuelem Luchtmans 1734. | Academiæ Typographum.

III.
Darstellungen aus dem Alltagsleben.

38—41. 4. Bl. Interieurs mit Bauerngruppen.
A) Nach A. Brouwer.
H. von Allen 8″ 1‴, B. 6″ 2‴.

Auf allen vier Blättern steht links: A. Brouwer delin., rechts: J. de Viffcher fecit aqua forti.
I. Vor den Nummern rechts unten. In der Mitte Clemendt de Jonghe exc.
II. Mit den Nummern: M. Nicolaus Visscher excudit. (aber nur auf dem ersten Blatte.)

38. Das Tischgebet. — Ein Mann, nach links gewendet, sitzt, im Profil gesehen, auf einem niedrigen Kasten, auf welchem sich fünf runde Oeffnungen in Form eines Kreuzes befinden; das Haar hängt bis ins Gesicht herab, die Hände (wahrscheinlich

gefaltet) hält er in der Filzmütze verborgen und scheint betend das karge Mahl zu betrachten, welches vor ihm auf einer Bank liegt und aus einem halben Laib Brod und dem unbekannten Inhalte des Kruges besteht. Bei ihm sitzt, mehr gegen den Hintergrund, sein Weib gebückt und betend. An der Wand hinten ist ein Brett mit verschiedenem Geschirr. Unten: **Imples omne animal benedictione tua.**

39. **Der Räucher.** — Ein Bauer, mit einer niedrigen Filzmütze auf dem Kopfe, sitzt, im Profil nach rechts gewendet, auf einer niedrigen Bank, auf welcher noch ein zerbrochener Krug steht; er raucht sich die Pfeife an, wobei ihm das Weib, hinter demselben, das Kohlenbecken hält. Rechts des Blattes brennt Holz, und im Grunde links sitzt ein zweiter Bauer zusammengekauert und scheint ein natürliches Bedürfniss zu verrichten. Unten: **Suus cuique crepitus bene olet.**

40. **Die rauchenden Bauern.** — Bei einer Bank, auf welcher ein Krug steht, sitzt auf einer noch niedrigeren länglichen Bank ein Bauer, eine Filzmütze auf dem Kopfe. Er ist en face zu sehen und scheint sich anzustrengen, um das erlöschende Feuer seiner Pfeife zu beleben. Im Hintergrunde erblickt man beim Kamine, in welchem Feuer brennt, zwei Männer vom Rücken; der eine sitzt links auf einem umgestürzten Scheffel und spricht mit dem anderen, welcher steht und sich die Pfeife anzündet. Zwischen diesen beiden und dem Bauer im Vordergrunde bemerkt man noch den Kopf eines vierten Mannes, der am Boden sitzt oder liegt und raucht. Unten: **Idem omnes simul ardor agit.**

41. **Die Rauchstube.** — In einem von Tabakrauch erfüllten Gemache befinden sich vier Bauern. Der mittlere, dem Zuschauer nächste steht halb auf einem Fussschemmel; halb sitzt er am Tische, öffnet mit der rechten Hand den Krug, während die Linke die Pfeife hält, aus welcher er einen starken Rauch zieht. Er ist nach rechts gewendet, woher das Licht einfällt. Hinter dem Tische, unter welchem ein Krug links steht, sitzt ein zweiter Bauer. Rechts, mit dem Rücken gegen das Licht gewendet, sitzt der dritte auf einer Holzbank, indem er auf dem Tische aufliegt und schläft. Zwischen diesem und dem ersten sieht man rückwärts den vierten, auf den Tisch gelehnt. Unten: **Promi magis, quam condi.**

42—45. **Folge von vier Landschaften mit Lagerscenen.**
B. Nach Ph. Wouwerman.
B. 13″ 10‴ — 14″ 10‴, H. 11″ 6‴ — 12″ 2‴.
I. Vor aller Schrift. Sehr selten.

II. Links: Philips Wouwerman Pinxit. Mitte: J. de Vifscher fecit. Rechts: Jan Cralinge excudit.
III. Rechts: Danker Danckerts excudit. (Weigel 3¹/₃ Rthl. (alle vier Blätter.)
IV. Adresse: Justus Danckerts.
V. Adresse: P. Schenk.

42. **Die drei Reiter beim Marketenderzelte rechts.** — Das Blatt stellt ein Lager vor; im Vordergrunde rechts sieht man ein Marketenderzelt, kennbar an der wehenden (zweifarbigen) Fahne sowie am Kreuz und Krug, die an einer Stange befestigt sind. Vor dem Zelte ist eine Krippe angebracht, vor welcher ein gesatteltes, sich umschauendes Pferd, vom Rücken gesehen, steht. Mehr gegen die Mitte des Blattes sitzt, vom Rücken gesehen, der Trompeter, mit einem Federbaret bedeckt, die Trompete mit der linken Hand auf seinen Fuss stützend, auf dem Pferde. Zwischen beiden erwähnten Pferden greift der Reiter, dem das erste Pferd angehört, der aus dem Zelte heraustretenden Marketenderin auf den Busen. Diese schaut lachend auf den Trompeter und trägt mit der Linken einen Krug. Der dritte Reiter, am Pferde sitzend, befindet sich in der Mitte des Blattes, im Profil nach rechts; sein Baret hält er in der Hand und bläst den Rauch seiner Soldatenpfeife gemüthlich vor sich hin. Ganz vorne liegt ein Hund. Die ganze beschriebene Gruppe befindet sich auf einer Anhöhe, von welcher links in den tieferen Mittelgrund, wo man am Ufer des Flusses Zelte erblickt, ein Mann zu Pferde herabreitet; ihm folgt, ebenfalls zu Pferde, die Mutter mit zwei Kindern, das eine ist rückwärts gebunden, das andere trinkt an der Brust; sie ist nach rechts gewendet. Ein Mann, hinter welchem ein altes Weib steht, bettelt die Reisenden an. Am jenseitigen Ufer ist Rauch zu bemerken.
B. 14″ 10‴, H. 11″ 9‴.*

43. **Die drei Reiter beim Zelte links.** — Ein Marketenderzelt, gekennzeichnet durch eine Fahne und einen Kranz am Giebel, steht links des Blattes; Rauch drängt sich aus demselben heraus, die Marketenderin hat es soeben mit einem Kruge in der Hand verlassen und ein Soldat, am Korbe sitzend, sucht sie zu umarmen. Ein anderer Mann schläft links im Schatten des Zeltes; ein Knabe bettelt mit dem Hute in der Hand den Verliebten an. — In der Mitte des Blattes ist die Hauptgruppe; zuerst der Trompeter zu Pferd, ein Federbaret auf dem Kopfe, im Profil nach links; er hält eine Pfeife mit der linken Hand. Hinter diesem in gleicher Richtung ist zu Pferd der zweite, sich umschauende Reiter und streckt mit der Rechten den leeren Krug vor sich aus. Das dritte Pferd steht links, fast vom Rücken

gesehen, ein wenig gegen rechts gewendet. Zwischen diesem und dem ersten Pferde steht der dritte Reiter, beinahe in Vorderansicht; mit der Linken hält er sein Baret, die Rechte liegt am Sattel seines Pferdes; er sieht lachend den Trompeter an. Zwischen dem ersten und zweiten Pferde ist ein Hund. — Rechts des Blattes sieht man, theilweise vom Hügel bedeckt, einen Knaben den beladenen Maulesel treibend zum Vordergrunde schreiten; denselben Weg macht hinter ihm ein Reiter zu Pferd; dieser ist in einem Mantel eingehüllt. In der Ferne sind Hügel und ein Fluss sichtbar, auf dem letzteren zwei Schiffe und am Ufer mehrere Personen.

B. 14" 3''', H. 11" 9'''.*

44. Das Pferd vor der Krippe im Lager. — Das Pferd steht gesattelt in der Mitte des Vordergrundes, im Profil nach links vor der Krippe, vor welcher am Boden ein Sack, zerstreute Karten und ein liegender Hund vom Rücken zu sehen ist. Hinter der Krippe steht der Reiter, mit der linken Hand die Pfeife haltend, mit einem Federbarett auf dem Kopfe und scheint mit dem Reiter zu sprechen, der weiter links zu Pferde sitzend vom Rücken zu sehen ist, wie er mit der linken Hand den Krug hebt. Links von diesem, etwas zurück, wälzt die Marketenderin das Fass. Zwischen den beiden Reitern sieht man weiter zum Mittelgrund einen Soldaten vom Rücken, wie er auf einem Korbe sitzt und sich mit einem Mädchen, die sich zu ihm neigt, unterhält. Hinter der letzteren ist theilweise der Trompeter, zu Pferd sitzend, zu sehen. Hinter der beschriebenen Gruppe stehen zwei Zelte, welche mit Fahnen, Kränzen, einem Kruge und einer Tafel zu Marketenderzelten gestempelt werden. Ein drittes gleiches Zelt ist theilweise am Rande rechts zu sehen. Vor demselben trommelt ein Soldat auf einer grossen Trommel, hinter welcher ein zweiter mit einem Mädchen zu den Tönen einer Flöte tanzt, die ein dritter Soldat im Hintergrunde bläst, während links drei Soldaten auf der Erde sitzen und zuschauen. In der Ferne Gebäude im Schatten, und Hügel.

B. 14" 3''', H. 12" 2'''.*

G. Texier hat diese Vorstellung von der Gegenseite in kleinerem Maassstab für ein Sammelwerk gestochen.

45. Der blasende Trompeter im Lager. — Der Trompeter sitzt auf einem scheckigen Pferde in der Mitte des Blattes, im Profil nach links, mit dem Federbarett auf dem Kopfe und lässt einen Tusch los. Links ist ein Reiter zu Pferde vom Rücken zu sehen, hinter ihm sitzt ein Mädchen, die sich mit den Händen am Reiter anhält. Zwischen diesem und dem Trompeter bilden

noch drei Reiter zu Pferd die Gruppe, der mittlere und vordere ein Weinglas mit der Linken erhebend, links der vierte Reiter, ganz in Vorderansicht, wie er lachend sich anschickt, mit der Linken die Pistole in die Luft abzuschiessen, und rechts der fünfte Reiter, im Profil nach links, in den Mantel gehüllt. Zwischen dem Trompeter und Weintrinker steht die dicke Wirthin, im Profil nach links, den Krug mit der Linken haltend, an ihrem Kleide hält sich ein Kind und betrachtet den Hund, der in der Mitte des Vordergrundes sich unanständig benimmt, während ein zweiter Hund links bei dem Reiter mit dem Mädchen liegt. Hinter der ganzen beschriebenen Gruppe stehen zwei Marketenderzelte in gleicher Lage, wie bei Nr. 44. Am Eingang des Zeltes am Rande links schöpft ein Weib aus dem Fasse, hinter ihr sind zwei Männer in Unterhaltung. — Hinter dem Trompeter, gegen rechts, steht ein am rechten Fusse lahmer Bettler mit Krücken neben einem Weibe und bettelt. Noch mehr rechts, hinter dem Bettler, sind zwei Reiter zu Pferde zu sehen, der hintere vom Rücken, der vordere nach rechts gewendet. Im Vordergrund der rechten Ecke sitzt rechts ein Weib mit dem Kinde im Arm vom Rücken gesehen, links ein Junge mit breitem Hute, wie er die rechte Hand ausstreckt und mit der Linken unter dem Hemde sich kratzt. Neben ihm liegen ein Stock und zwei Bündel. In der Ferne Gebäude und Berge.

B. 13" 10''', H. 11" 6'''.*

46—49. **Folge von vier Landschaften, Lagerscenen.**
Nach P. Wouwerman.
B. 13" 2'''—14" 10''', H. 10" 10'''—11" 8'''.

I. Vor aller Schrift und vor den Nummern. Sehr selten.
II. Abdr. Links: J. Viffcher schulp sit. Mitte: P. Bouwerman pinxit. Rechts: F. de Wit excudit. Dabei die Nummer.
III. Mit der richtigen Schreibart: P. Wouwerman und mit der Adresse P. Schenk exc.
IV. Die Adresse entfernt; die Abdrücke sind neu und schlecht.

46. **Der Feldschmied.** — Die linke Hälfte des Blattes füllen Gebäude zwischen Bäumen aus, rechts ist der Blick in die kahle hügelige Landschaft frei. Links am Rand ist eine Thüre, durch welche man einen Schmiedegesellen im Innern sieht. Vor den Gebäuden, im Vordergrunde, steht ein Reiter, der sein Pferd hält, welches, vom Rücken gesehen, sich den rechten Hinterfuss vom Schmiedjungen halten lässt, während der Schmied ihn beschlägt. Neben dieser Gruppe steht rechts ein dicker Reiter, bei ihm, in der Mitte des Blattes, im Profil nach rechts, strah-

lend, sein gesatteltes Pferd. Zwischen beiden stehenden Reitern sitzt der dritte auf dem Pferde in Vorderansicht gesehen, mit der Linken einen Becher hebend. Rechts am beschatteten Hügel sitzt ein Weib im Profil nach links, mit einem Bündel im Schooss; bei ihr steht ein kleines Mädchen. Vom Hintergrunde kommt rechts ein beladener Wagen, auf dem oben ein Mädchen sitzt, von zwei Pferden gezogen, auf deren einem der Kutscher sitzt und ein Mann mit Gepäck auf dem Rücken und einem Stock in der Hand geht neben den Pferden einher.

B. 13" 3''', H. 11".

47. Der blasende Trompeter. — Die ganze Composition ist dieselbe, wie in der vorigen Folge Nr. 45. Man bemerkt folgende Unterschiede: Die Ausführung ist, wie bei dieser ganzen Folge, nur eine leichte; aus dem Zelte links am Rande steigt hier kein Rauch heraus, am Giebel desselben Zeltes ist Reissig und keine Fahne zu sehen; die Pistole des Reiters ist abgefeuert und entwickelt sich Rauch. Rechts im Hintergrunde sieht man Zelte, und einen Reiter zum Vordergrund kommen.

B. 14" 10''', H. 11" 8'''.

48. Die Reisenden bei der Hütte. — Diese ist rechts zu sehen; vor derselben zwei Bäume, zwischen welchen auf Balken ein Strohdach angebracht ist; am Boden liegt viel Stroh. Hier, an einen Baumstumpf angelehnt, ruht im Schatten der ältliche Wanderer aus, mit dem Bündel am Rücken, dem Stocke in der Hand und pelzverbrämter Mütze auf dem Kopfe; er steht im Profil nach links. Neben der Hütte sitzt auf einem Bündel ein Mädchen, zu welcher ein kleiner Knabe sich drängt. Links ein reitender Mann mit blossem Kopfe, fast in Vorderansicht. In der Mitte des Blattes schnallt ein Soldat, im Profil nach rechts, den Sattel seines Pferdes, das fast vom Rücken zu sehen ist. Zwischen beiden Pferden liegt ein Hund; links im Mittelgrund liegt ein junger Wanderer auf dem Rasen, nach links gewendet, den Oberkörper auf das Bündel angelehnt; vor ihm steht ein Weib, in weites Tuch eingehüllt, mit einem Kinde zur Seite. Der Hintergrund ist kahl und hügelig, von da kommt ein Bach nach vorn und bildet die linke Ecke. Am Ufer desselben ist eine Henne zu sehen; zwei andere Hühner stehen vor dem Reiter.

B. 13" 2''', H. 10" 10'''.

49. Die offene Reitbahn. — In einer flachen Landschaft, die nur in der weiten Ferne von Bergen eingeschlossen ist, steht, fast in der Mitte des Blattes, ein gesatteltes Reitpferd, im Profil nach links und wird von einem, in einen Mantel gehüllten Jungen, der rückwärts steht, gehalten. Vor dem Pferde steht, im Profil nach links, auf einen Stab gestützt, der Reiter (im Costume des

30jährigen Krieges) und beobachtet den Reiter zu Pferd, der vom Rücken gesehen, mit der Linken die Reitgerte schwingend, um den Bahnpflock galoppirend im Kreise reitet. Im Vordergrund ist ein Hund, nach rechts gehend, und rechts in der Ecke im Schatten ein gebrochener Baumstamm bei grossen Blättern.
Im III. Abdr. sind die leeren Flecke in den Wolken, die im früheren Zustande mit kalter Nadel gedeckt waren, ausgedruckt und darum sichtbar.
Es scheint, dass Nagler 30d. dieses Blatt zweimal notirt, einmal wie oben bezeichnet, und dann unter Nr. 28, e. Unter gleicher Nr. f: „der Seehafen" gehört nicht hierher, das Blatt ist von Dank. Danckerts.

B. 14" 1''', H. 10" 11'''.

50—59. Genre.
C. Nach A. v. Ostade.
H. 11", B. 9" 2'''.

50. Der haspelnde Bauer (De Haspelaar). — In einem holländischen Bauerngemach sitzt im Vordergrund auf einer hölzernen Bank, auf welcher eine Pfeife liegt, der Bauer, nach rechts gewendet, mit der Haspel in der Hand. Mehr rechts, näher dem vergitterten Fenster, sitzt, zum Bauer gewendet, ein beim Rocken spinnendes Weib und scheint sammt dem Kinde, welches sich an das rechte Knie der Mutter anlehnt, den Haspler auszulachen, dem die Arbeit nach Wunsch nicht zu gehen scheint. Vor dem Weibe liegt ein Hund, hinter demselben ist der Kamin und im Hintergrunde ein Bett zwischen Balken und Brettern; der Vorhang vor demselben ist theilweise gegen rechts zusammengezogen. Ueber dem Bette hängt an der Wand ein Korb mit Gewändern, auch sonst erblickt man allerhand Geschirre, Körbe, und im Vordergrunde am Boden eine Eischale und eine zerschlagene Pfeife. Die Originalzeichnung war im Cabinet von van Duysel. — Schönes Hauptblatt.
I. Abdr. Vor aller Schrift. Sehr selten.
II. Abdr. Mit sechs holländischen Versen: Sietons werk — prachtich huys. Links: A. v. Oftade pinxit. — J. de Viffcher fecit. Rechts: Jan Cralinge excudit.
III. Mit der Adr. Nicol. Visscher.

Von diesem Blatte existirt eine schöne Copie in gleicher Grösse von der Originalseite, bezeichnet: Gr. van Schagen fec. et exc.

51. Die Triktrakspieler (De Verkeertboort Speelders). Vor dem Wirthshause links des Blattes steht in der Mitte der

Laube ein länglicher Tisch, bei welchem eine Gruppe von vier Bauern zu sehen ist. Zwei derselben spielen und haben das Spielbrett vor sich; der eine sitzt und ist vom Rücken gesehen, sein Gegner steht ihm gegenüber. Neben diesem sitzt rechts der dritte Bauer und raucht. Rechts steht der vierte, mit den Händen auf den Tisch sich auflehnend. Dieser und der Raucher schauen dem Spiele zu. — Hinter dieser Hauptgruppe sitzt zwischen dem Fenster und der Thür des Hauses ein Bauer mit einem Kinde; er hält mit seiner Rechten die Pfeife, und rechts trinkt ihm ein anderer Bauer mit dem Glase in der Rechten zu. Aus der Hausthüre kommt ein kleines Mädchen mit dem Kruge heraus; hinter demselben, im Schatten des Hauses, will ein Mann ein sich sträubendes Mädchen umarmen. Rechts des Blattes sieht man in der Ferne eine Bauernhütte, vor welcher zwei Bauern mit einem Weibe im Gespräche stehn.

Unten die Schrift (zwei Disticha): Haec sacra spectator — esse potest. Solidé.

I. Vor den Namen und der Schrift.
II. Mit der Schrift und den Namen. Links: J. de Visscher fecit. Mitte: A. v. Ostaden pinxit. Rechts: N. Visscher exc.
III. Wie II., aber rechts: G. Valk excudit.

H. 11" 4''', B. 9" 5'''.

52. Der verliebte Bauer. (De Bostenvoeler. Le tâtonneur). — In einem Gemache sitzt vor dem Kamin, der durch Bretter theilweise verschaalt ist, ein Paar, bis zu den Knieen sichtbar, bei einer steinernen Bank. Das Weib rechts, den Kopf, von einem weissen Tuche leicht bedeckt, im Profil nach links gewendet, scheint sich, gleichsam abwährend nach links zu wenden, weil der Mann, mit der Linken sie umarmend, mit der Rechten ihr nach dem Busen greift. Sein Kopf ist mit einem runden Käppchen bedeckt, und da er seiner verliebten Absichten wegen, sich vom Lehnstuhle erhebt, sinkt ihm der Mantel herab. Hinter seinem Rücken steht ein zweiter Mann, mit einer hohen Filzmütze auf dem Kopfe, wie er mit der Linken seinen rechten Ellenbogen umfasst. Die ganze Situation muss derart beschaffen sein, dass alle Drei lachende Mienen zeigen. Das Weib hält mit der Rechten ein leeres rundes Weinglas, das sie aus dem Kruge, welchen sie mit der Linken hält, wahrscheinlich füllen will. Auf der Bank steht ein grösseres halb volles Gefäss und ein Kohlenbecken, dabei liegt eine Pfeife und ein Gewand. An der Kante der Bretter beim Kamin hängt der hohe Filzhut des verliebten Bauern. An der Kaminwand sieht man eine Ruthe, links im Schatten einen Krug und rechts ein Bild, welches von einem

Nagel abgerissen, nur an einem zweiten befestigt ist und schräg herabhängt. Es stellt einen Mann dar, der mit einer Ruthe ein auf Erden hockendes und rückwärts entblösstes Frauenzimmer prügelt. — Dieses Blatt hat immer einen leeren Schriftraum. Ein Aetzdruck befindet sich in Amsterdam.
H. 12" 11"', B. 9" 10"'.
I. Vor den Namen der Künstler.
II. Links unten am Rand: J. Viffer sculpsit. Mitte: Ostade pinxit. Rechts: F. de Witt excudit.
III. Die Adresse zugelegt.
IV. Adresse von P. Schenk.

53. Das Concert. — Eine Gruppe von fünf Figuren, deren Viere um einen Tisch sitzen. Der Violinspieler, ein ziemlich beleibter Mann, sitzt im Vordergrunde rechts, fast vom Rücken gesehen, ihm zur Rechten singt ein Mann aus Noten. Rückwärts sitzt ein lachendes Weib; links des Tisches steht ein Bauer, mit einem Glase in der linken Hand und scheint auf den Gesang zu hören, eben so neben ihm ein sitzender Bauer, der die Pfeife in der Hand hält und sich am Tische auflehnt. Im Hintergrunde ist der Kamin, und rechts führt eine einfache Stiege auf den Boden. Ueber dem Kamine und an den Wänden sind allerhand Hausgeräthe zu sehen.
I. Vor aller Schrift. Ein solcher ist in der Albertina aus dem Cabinet de Graaf.
Es scheinen sich übrigens keine Exemplare mit einer Schrift zu finden, denn selbst neue Abdrücke haben keine Schrift.
B. 7" 3"', H. 6" 1"'.

Derselbe Gegenstand ist unter dem Titel: Le concert Rustique, von J. Heudelot, mit Veränderungen gestochen; in fol. Ebenso von Mathew Liart: The Merry Companions.

(Unter den Blättern nach Ostade ist in der Albertina derselbe Gegenstand von einem Unbekannten von der Gegenseite und es steht dabei: Tenier pxt., mit dem aber die Composition nichts gemein hat. B. 7" 3"', H. 5" 9"'.)

54. Die Trinker. — Eine Gruppe von vier Personen. Links im Vordergrunde sitzt ein Mann, mit dem schelmisch lachenden Gesichte im Profil nach rechts gewendet, auf einer Bank, die eine Lehne hat, und hält mit der rechten Hand die Pfeife, während die Linke den Krug zum Trinken erhebt. Ihm gegenüber sitzt in einem halbzertrümmerten Fasse, welches in die primitivste Form eines Fauteuils umgewandelt wurde, ein zweiter Bauer, zu einer

niedrigen Bank gebückt, auf welcher er seine Pfeife stopft. Hinter der Bank sitzt die Bäuerin und scheint mit dem trinkenden Bauer zu sprechen. Hinter ihr im Hintergrunde steht der vierte, der lachend mit der Rechten das fast volle Glas erhebt und die Linke am Rücken hält. Er trägt eine Schürze. Alle drei Männer haben Filzmützen. Rechts steht eine Bank, am Boden liegen Karten und zerbrochene Pfeifen. Rechts im Hintergrunde sieht man durch eine offene Thüre in eine Fensternische, wo eine Bank steht.

I. Links: A. v. Ostade pinxit. Mitte: Ioann. de Visscher fecit.
II. Ebenso; dazu rechts: Justus Danckerts excudit.

B. 8" 10''', H. 6" 9'''.*

Es gibt eine Copie von der Gegenseite; auf dieser steht: L. A. van Ostade pinxit. R. Gerret van Schagen fecit et excudit.

Eine andere Copie ist von dem Copisten des „Concertes" und zwar von der Gegenseite. Links steht unten D. Teniers pinx.

B. 7" 3''', H. 5" 9'''.

Eine dritte verkleinerte Copie ist von C. A. Grossmann, als erster Versuch bezeichnet.

55. Die Raucher.
Nach A. van Ostade.

Wir erblicken eine Gruppe von fünf Personen in einer Dachstube. Zwei rauchende Bauern, beide mit Pelzmützen auf dem Kopfe, sitzen, in der Mitte des Blattes, auf hölzernen Bänken bei einem niedrigen Tische. Der Eine derselben, links im Vordergrund, im Profil nach rechts gewendet, entwickelt aus seiner Pfeife viel Rauch und schaut lächelnd nach dem, hinter dem Tische stehenden Weibe, die mit der Rechten den Krug am Tische umfasst, während sie sich mit der Linken die Nase zuhält. Rechts sitzt der zweite Bauer, im Profil nach links und hält mit der Linken die Pfeife. Hinter diesem, also nach rechts des Blattes, sitzt ein kleines Mädchen am Nachtgeschirr, vor demselben liegen umgestürzte Bänke und ein Fass. Auf der Mauer über dem Weibe sieht man auf einem Papiere zwei Schwäne. Links hinter der Bretterverschalung ist ein Bauer vom Rücken zu sehen. Sehr kräftig behandelt.

I. Links: A. v. Oftade pinxit. Mitte: Joann. de Vifscher fecit.
II. Wie I. und dazu rechts: Justus Danckerts excudit.

B. 9" 1''', H. 7" 8'''.

Von diesem Blatte giebt es eine Copie von der Gegenseite von Gerret van Schagen.

56. Das Kirmessfest im Dorfe.
Nach A. van Ostade.

Links ist das Wirthshaus, an dessen Giebel ein Taubenschlag mit vier Tauben zu sehen ist. Oberhalb der Thüre hängt ein Krug. Vor dem Hause, umgeben von einer lustigen Gesellschaft, tanzt ein Bauernpaar zu den Tönen einer Clarinette, die ein Junge, wahrscheinlich auf einem Fasse stehend, bläst, und der von einem Leierspieler begleitet wird. Bei diesen ist eine Mutter mit ihrem Kinde, links sitzt ein Bauer auf einem Fasse und schreit, die Mütze mit der Linken, ein Glas mit der Rechten haltend. Links steht ein Mann, die Hände am Rücken. Vor der Hausthüre sitzt ein Mann mit dem Kruge, hinter ihm steht ein anderer und in der Thür ist ein Weib und ein Mann theilweise zu sehen. Rechts von den Tanzenden ladet ein Weib einen Mann zum Tanze ein; weiter schauen zwei Kinder zu, ein drittes neckt den bellenden Hund. An das Wirthshaus schliesst sich eine Reihe von Hütten zwischen Bäumen an. Auf einer dieser Hütten weht die Fahne, eben dort, sowie hinter den drei Kindern sieht man lustige Bauerngruppen. Rechts vorn in der Ecke liegt ein Pflug bei einem halb gebrochenen Baume.

B. 13" 4''', H. 9" 7'''.

I. Vor aller Schrift. Sehr selten.
II. Mit vier holländischen Versen: „Nu is't de reghte — Kermis is." Darunter links: Joan. de Visfcher fecit. Mitte: Ad. v. Ostade pinxit. Rechts: F. de Wit excudit.
III. Mit der Adresse des N. Visfcher

Es giebt eine gegenseitige Copie von der gleichen Grösse. Auf einer zweiten, gleichfalls gegenseitigen Copie steht rechts: Bloteling excudit.

57. Der kleine Ball.
Nach A van Ostade.

Der Vordergrund ist vom Hintergrund durch eine Wölbung getrennt. Man sicht die Dachsparren, unter welchen auf Brettern einige Bündel Stroh liegen. Links des Blattes, in der Tiefe ist eine Krippe, am Boden ein Rad und ein Sattel: rechts davon sitzt ein Weib, die einem Manne etwas Wichtiges mitzutheilen scheint. Rechts, nahe der offenen Thüre, durch welche die Sonne in das Innere scheint und die Tänzer beleuchtet, stehen zwei Musikanten auf einem erhöhten Platze, rechts der Violin-

spieler, links der Dudelsackpfeifer. Im Mittelgrunde tanzen zwei alte Bauernpaare. Unterhalb des Violinspielers sitzt ein Mann, der das Weib zum Tanze einladet, welche aber unschlüssig dazu lacht. Dieser Gruppe zugekehrt sitzen zwei Männer; der eine, fast vom Rücken gesehen, auf einem dreieckigen Stuhl, die Rauchwolken vor sich hinblasend, der andere auf einer Mauer rechts, mit dem Glase in der rechten Hand. Zum Theil ist bei ihm eine Leiter sichtbar. Links steht ein Krug auf einem dreieckigen Stuhl, dabei spielen zwei Kinder mit einem Kruge am Boden, und ein Hund benagt einen Knochen.
I. Vor aller Schrift.
II. Mit vier Versen: Hier is al weer -- messen wanken."
Links: Joan. de Visfcher fecit. Mitte: Ad. van Ostade pinxit. Rechts: Nicolaus Visfcher excudit.
B. 13" 4''', H. 9" 8'''.

Es giebt von diesem Blatte eine alte Copie von der Gegenseite.
B. 12" 7''', H. 8" 9'''.

58. Die Bauernhochzeit. — (Het Boere Bruytje).

Nach A. van Ostade.

In einem grossen Gemache, in dem man rechts hinter einer ruinösen Mauer das schräge Dach wahrnimmt, befinden sich vertheilt 20 Personen. Eine Gruppe von sechs Figuren, im Vordergrunde etwas gegen rechts, umlagern eine niedrige Bank: und zwar, vom Rücken gesehen, sitzt ein Mann, ihm gegenüber ein Mädchen, rechts steht ein Gast mit dem Kruge in der Linken, während die Rechte ein volles Glas erhebt. Hinter dieser Gruppe im Hintergrunde rechts leidet einer an den Folgen des übermässigen Genusses. Links von der Bank küsst ein sitzender Mann die Brautmutter und wird von einem links stehenden Bauer ausgelacht. Hinter diesem ist auch noch ein Sitzender theilweise sichtbar.

An der Rückwand, gegen links sitzen zwei Paare, worunter ein Mädchen, die Braut, bekränzt ist. Ueber ihr ist ein Teppich mit einem Stricke, wie ein Baldachin, ausgespannt; eine Blumenkrone hängt über dem Haupte der Braut. Links der Platte sitzt ein Bauer auf einem Schemel neben dem Weibe, welches sich schreiend gegen seine Umarmung wehrt. Bei ihnen steht ein Bauer und hört der Musik zu, welche ein kleiner Leyermann und ein Violinspieler aufführen. Hinter den Spielern bemerkt man auf der Mauer einen Mann mit einem Kruge, und ein Knabe kriecht auf einer Leiter herunter. Links beim Kamin ist ein sitzendes Weib beim Kessel beschäftigt. Am Boden liegen zerstreut Gefässe, Krüge, ein Fass etc.
B. 14" 7''', H. 10" 1'''.

I. Vor aller Schrift. Sehr selten.
II. Links: A. v. Ostaden Invent. Darunter: J. de Viſscher fecit. Rechts: Justus Dankerts excudit.
III. Die Platte ist in zwei gleiche Theile zerschnitten. (In unserer Beschreibung oben ist die Theilung der Darstellung durch den Absatz angedeutet.) Die Umrisse sind aufgestochen. Auf jedem Blatte steht: Links: A. v. Oſtade pinxit. Rechts: Justus Dankerts excudit. Mitte: Joann. de Viſscher fecit.
H. 9" 3''', B. 7" 3'''.

Nagler beschreibt unter Nr. 24 die zweite Hälfte dieses Blattes.

IV.
Landschaften.

59—70. 12 Blätter. Die Canallandschaften.
Nach Joh. van Goyen.
B. 7" 2—3''', H. 4" 2'''.

Numerirte Folge. Auf jedem Blatt, mit Ausnahme des Titels, steht links unten: J. van Goyen inventor, rechts die Numer und J. de Viſſcher fecit.

59. (1) Der Landungsplatz. — Man sieht links ein von der See bespültes Gemäuer, über welchem ein runder Thurm mit einem kleinen viereckigen Erker hervorragt. Von der Eingangsthür in der Mauer führen Stufen zum Wasser. Es landet eben ein beladener Kahn, auf dem sich drei Männer befinden. Mehr in die See hinaus richten auf einer Barke zwei Männer die Segel; auf einem Kahn stösst ein Schiffer zu ihnen. In der Ferne ist eine Windmühle und rechts ein Schiff zu sehen; am fernen jenseitigen Ufer sieht man drei Häuser. Unten die Schrift: Regiunculæ amoeniſsimæ — Eleganter delineatæ a Johanne van Goyen et æri inciſæ per Johannem de Viſſcher. Rechts die Nr. 1. und: N. Viſſcher excudit.

60. (2) Die Gebäude am Sumpfe. — Beim Sumpfe, der sich von der Mitte nach rechts zieht, steht, halb auf Piloten gestützt und von Bäumen umgeben, eine Gruppe von Gebäuden, an denen links der Damm des Wassers vorübergeht. Bei den Häusern steht ein Mann, mit dem Sacke auf dem Rücken, zwei Reiter kommen gegen den Vordergrund, vor ihnen stehen zwei Männer, deren einer nach links zeigt. Am Ufer gegen rechts sitzen zwei andere Männer, und im Vordergrunde sitzt ein Mann

mit einem Hunde auf einem Hügel. Hinter dem Flusse ragt über Gebüsch ein Thurm hervor.

61. (3) Die Kirche am Canal. — Links des Blattes zwischen niedrigen Häusern und Mauern, bei welchen drei Kähne liegen, erhebt sich die Kirche. Rechts sieht man zwei Kähne neben einander, auf welchen sich fünf Männer befinden. Im Hintergrund ist ein landendes Schiff und rechts in der Ferne eine Windmühle.

62. (4) Die Hütte, rechts am Ufer des Canals. — Die Hütte steht neben einem hohen Baume von Planken und einer Mauer umgeben, an der drei Figuren stehen. In der Mitte des Vordergrundes sieht man einen Kahn mit zwei Männern. Am Ufer wälzt ein Mann Fässer, die er aus einem bei ihm landenden Kahne, worin sich ein Mann befindet, bekommt. Im Hintergrunde führt über den Canal eine Brücke, auf welcher ein Reiter und ein Fussgänger zu sehen. Am jenseitigen Ufer sieht man zwischen Bäumen Häuser, einen Thurm, eine Windmühle und ein Schiff mit Segeln.

63. (5) Die ärmliche Klosterkirche. — Sie liegt am Ufer des Canals, auf welchem ein Kahn mit zwei Schiffern und drei andere kleine Fahrzeuge zu sehen sind. Ein Mann mit einem Korbe scheint sich zweien Mönchen zu nähern, welche unter einem an der Kirche angelehnten Dache am Boden kauern. Zwei andere Mönche kommen, mit langen spitzigen Kaputzen bedeckt, von links her, der eine mit einem Korbe, der andere mit einem Rosenkranze; ein Hund gesellt sich zu ihnen. Rechts in der Ferne am jenseitigen Ufer ist eine Ruine am Berge.

64. (6) Das Kloster am Canal. Der Canal zieht sich durch den ganzen Vordergrund von links nach rechts, wo er sich gegen den Hintergrund vertieft. Auf einer Landenge befindet sich das Kloster zwischen Bäumen, aus mehreren Baulichkeiten bestehend, über welche sich die Klosterkirche erhebt. Links landen zwei Kähne, jeder von einem Mann geführt. Auf der Landzunge ist ein anderer Kahn zu sehen mit acht Personen, darunter eine zu Pferde. Diese Gesellschaft wird am Ufer von einem Manne erwartet.

65. (7) Die Häusergruppe am Canal. — Am jenseitigen Ufer ziehen sich die Häuser von rechts nach links in den Hintergrund hin; es ist zuerst ein Häuschen auf einer Mauer, die vier gewölbte Oeffnungen zeigt, dann eine Gruppe dreier, stufenweise sich erhebender Häuser, hinter welchen endlich ein

sechseckiger Thurm, bei welchem eine Stiege von der Mauer zum
Wasser führt. Im Canal befinden sich drei Kähne, in der Ferne
mehrere Fahrzeuge. Links im Vordergrunde am diesseitigen
Ufer sitzt ein Fischer.

66. (8) **Die Heerde auf der Insel des Canals.** — Die
Heerde besteht aus sieben Kühen; der Hirt, links, trägt einen
Wassereimer. Zum Vordergrunde segelt ein Mann, vom Rücken
gesehen, auf einem Kahne. Verschiedene andere Fahrzeuge beleben das Wasser; am jenseitigen Ufer sieht man Gebäude
zwischen Bäumen und die Kirche mit zugespitztem Thurme,
scheinbar halb in Ruinen. In weiter Ferne rechts ist ein Windmühle.

67. (9) **Die zwei runden Thürme am Canal.** — Der
Canal nimmt den ganzen Vordergrund ein, und breitet sich links
in der Ferne aus, wo man ein Häuschen zwischen Bäumen bemerkt. Der erste Thurm rechts ist verbaut von einem Hause;
mehr gegen den Hintergrund ist der zweite Thurm; zwischen
beiden ein Haus und Baumgestrüpp. Fünf Kähne bewegen sich
im Canale.

68. (10) **Der Molo.** — Er zieht sich von rechts gegen die
Mitte des Blattes. Zwei Männer, eine Frau und ein Hund stehen
auf demselben, drei Kähne und ein Schiff landen. Im Hintergrund links, wo sich der Canal ausbreitet, sieht man mehrere
Schiffe, und am fernen Ufer eine Windmühle und andere Gebäude.

69. (11) **Die Strasse am Canal.** — Sie zieht sich am
Ufer des Canals, der rechts in den Hintergrund sich vertieft,
von links gegen die Mitte des Blattes. Auf derselben reitet
ein Mann, vom Rücken gesehen, und ein Weib scheint mit ihm
ein Gespräch zu führen, indem sie mit einem Knaben ihm ent-
gegenkommt und auf die zwei Männer hindeutet, die sich im
Kahne befinden. Der Reiter ist von einem Hunde begleitet.
Auf der Strasse, mehr entfernt, ist ein Fuhrmann mit dem Heu-
wagen, vom Rücken gesehen. Ausser dem erwähnten Kahne
vorne ist ein zweiter entfernter zu bemerken.

70. (12) **Die Brücke über den Canal.** — Die Brücke,
im Mittelgrunde des Blattes, vereinigt die zwei Ufer des Canals,
der vom Beschauer in die Tiefe des Hintergrundes sich zieht.
Die Brücke passiren ein Reiter und ein Fussgänger; hinter der
Brücke erhebt sich die Kirche. Rechts im Vordergrunde ist eine
Mühle, beim Geländer stehen zwei Männer, der eine pissend.
Links ist im Canal ein Kahn mit zwei Männern, und unter der
Brücke ein anderer mit einem Mann.

Genre und Landschaften.
B. Nach Berghem.
71— 79. Einzelne Blätter.
80— 95. 4 Folgen in die Höhe.
96—153. 12 „ in die Breite.

**71. Der grosse Ball. (Het Boeren Bal.)
de Winter 59.*)**

In der Mitte einer Scheune sieht man ein tanzendes Paar, der Bauer hält seinen Hut mit der Linken am Rücken. Im Mittelgrunde beim Bretterzaune, hinter welchem der Kopf eines Pferdes zu sehen, steht auf einem Fasse der alte Spielmann mit der Leyer, zu seinen Füssen am Boden der Junge, der die Geige spielt. Vor dem Fasse steht ein Tisch, auf welchen ein stehender Bauer die rechte Hand stützt und den Tanzenden zusieht. Ein Krug steht auf dem Tische. Rechts des Tisches sitzt ein Bauernpaar: die lachende Bäuerin, welche, ein längliches Glas in der Linken haltend, mit ihrem Nachbar sich unterhält, der, die Hände ineinander geschlungen, über die Tanzenden zu lächeln scheint. Hinter diesem Paare ist ein drittes, rechts des Blattes, mit einem Knaben. Im Vordergrunde sitzt, vom Rücken gesehen, auf einer niedrigen Bank ein Bauer neben dem Weibe, das sich lachend gegen dessen Liebkosungen wehrt. Links des Blattes steht ein essendes Mädchen bei der Kuchenbäckerin am Kamin. Durch die Thüre, deren obere Hälfte offen ist, schaut ein Weib mit einem Knaben in die Hütte. Oben am Dachboden sieht man Heu, im Vordergrunde bellt ein Hund die haarsträubende Katze an.
Ein Aetzdruck in Amsterdam.
I. Vor aller Schrift und mit dem Stichel nur theilweise bearbeitet.
II. Ebenso, aber vollendet. Diese Abdrücke sind glänzend.
III. Mit den Worten: Links: **Berghem pinxit.** Mitte: **Johannes Vifscher fecit.** Rechts: **Justus Dankerts excudit.** (Weigel 14332: 8 Thlr.)
IV. Ebenso, mit dem Zusatze unter der Adresse: **Cum Privilegio Ordin: Hollandiae et West Frisiae.**
de Winter beschreibt nur den III. und IV. Zustand als I. und II. und nennt das Blatt selten.
H. 17" 2‴, B. 14".

*) Beredeneerde Catalogus van alle de Prenten van N. Berghem, door H. de Winter. Amst. 1767. (Nicht 1763, wie Nagler schreibt.)

72. Der Sommer. (de Man met de nakte rug).
de Winter 63.

Eine Felsenpartie, mit Gestrüpp und mächtigen Baumgruppen bedeckt füllt mehr als die Hälfte des Blattes links aus, und senkt sich nach rechts hinab, wodurch die Aussicht in ein Thal und weite Berge geöffnet wird. Zwischen den Gärten des Thales und am Fusse der fernen Berge sind zwei Ortschaften zu sehen; in der Mitte der ersten, näheren, ist ein grosser runder Thurm. — Auf einem Rasenplatz am Felsen ist zwischen Thieren die ruhende Hirtenfamilie. Die Hirtin, fast nackt, schläft, die Linke über den Kopf gelegt, auf einem Gewande, den Oberkörper am Felsen angelehnt. Das Kind ganz nackt ruht mit dem Kopfe auf ihrem rechten Schenkel. Der Hirt, mehr gegen die Mitte des Blattes, sitzt am Abhang des Felsens mit entblösstem Oberleib, vom Rücken gesehen. (Darum der holländische Name des Blattes). Die Thiere bestehen aus einer Kuh, die hinter dem Hirten im Profil nach rechts erscheint, und sechs Ziegen, welche theils ruhen, theils weiden. Im weissen Rande vier lat. Verse: „Cessit Bruma — bonitate potiri." Darunter links: Joannes de Vifscher fecit. Mitte: Nicolaus P. Berchem pinxit.

I. Vor den Künstlernamen und Versen oder vor aller Schrift. Sehr selten. (Winter unbekannt.)
II. Wie oben beschrieben.
III. Eben so, aber rechts: Frederic de Widt excudit.
IV. Mit der Adresse: Nic. Vifscher excudit. Dabei Nr. 52.
V. Wie IV. und dazu die Adresse: P. Schenk junior.

B. 14" 10" 9"'.*

73. Der flötende Hirt am Ufer.
de Winter 190.

Im Mittelgrunde rechts sieht man ein Gebäude mit Mauerwerk; gegen den Vordergrund senkt sich der Boden und links sieht man Wasser. Auf dem steilen Ufer rechts sitzt der Hirt mit breitkrämpigen Hute, nach links gewendet und bläst die Flöte. Zu seinen Füssen liegen zwei Schafe. In der Mitte des Blattes ist ein Mädchen, fast in Vorderansicht zu sehen; sie geht zum Wasser hinab, wahrscheinlich mit einem Kruge, der aber wegen der flatternden Schürze nicht zu sehen ist. Links ist ein Bock, der sich eben neigt, um zu trinken; hinter ihm ein Schaf (zur Hälfte zu sehen). Ohne Zeichen und Namen.

H. 6" 11"', B. 5" 6"'.*

de Winter sagt, dieses Blatt sei äusserst selten, er hätte es nur einmal, in der Collect. des N. Marcus in Amsterdam gesehen. In der Albertina ist es gleichfalls. Es giebt noch eine Darstellung dieses Gegenstandes von der Gegenseite in Lavismanier von J. Cootwyk (ohne Namen).

74. Das Ufer des Teiches.
de Winter 179.

Dieses Ufer zieht sich von links in den Hintergrund nach rechts; bewaldete Hügel und Berge schliessen den Teich ein und links am Rande ist ein Felsen bemerkbar. In der Mitte des Blattes stehen dicht am Ufer zwei Bäume, deren Kronen ausser dem Stich zu suchen sind; ihre Stämme kreuzen sich. Zwischen dem Felsen und diesen Bäumen erscheint der Junge auf einem Ochsen in Vorderansicht sitzend und nähert sich dem Ufer, wo vor ihm, mit den Vorderfüssen bereits im Wasser, ein zweiter Ochs und links ein Schaf zu sehen ist. Rechts steht im Wasser ein Mädchen, vom Rücken gesehen, etwas gebückt, neben ihr, links, ein Hund. Sehr effectvoll radirt.

I. Grössere Platte, vor aller Schrift. Sehr selten.
B. 6" 7''', H. 5" 3'''.*
II. (Nach de Winter) dieselbe Grösse, aber mit: Pieter de Reyger exc.
III. Links: Berghem Inv. Rechts: J. Visscher fecit. Verkleinerte Platte: B. 6" 7''', H. 4" 8'''.*

75. Der Knabe auf der Brücke.
de Winter 180.

Den Vordergrund nimmt Wasser ein, das links in den Hintergrund sich vertieft und wo sich über dasselbe eine aus Planken gemachte Brücke spannt. Auf dieser geht ein Knabe mit einem Krämerkorb am Rücken, der sich über seinem Kopfe wölbt. Am Eingang der Brücke stehen zwei Bäume. Im Wasser vorn links ist ein Ziegenbock, und ein Mann mit breitem Hute, der auf dem trinkenden Pferde sitzt und einen Sack vor sich hat, spricht mit dem Krämer. Zwischen ihm und der Brücke ist ein Ochs im Wasser. Rechts im Hintergrunde sind Berge und ein Thurm theilweise über dem Hügel zu sehen. Ohne Bezeichnung.
H. 7" 7''', B. 5" 9'''.

76. Der Hirt im Waldbache.
de Winter 181.

Den Hintergrund nimmt dichter Wald ein; aus demselben kommt zum Vordergrund ein Bach, in welchem, in gleicher Richtung, ein Hirt mit dem Stocke zwei Ochsen vor sich her treibt; der eine links, trinkt; dem anderen, gegen rechts gewendet, fliesst Wasser aus dem Munde. Seitenstück zum vorigen Nr. 75. Im späteren Druck steht unten rechts: Nr. 3. — Ohne Bezeichnung.

H. 7" 7''', B. 5" 9'''.

77. Die Spinnerin am Felsen.
de Winter 61.

Der Felsen zieht sich von rechts bis über die Mitte des Mittelgrundes und lässt links eine Aussicht in die bergige und von Bäumen reich bepflanzte Gegend. Rechts des Blattes sitzt die Spinnerin, bei ihr, halb liegend, der Hirte. In der Mitte des Vordergrundes sattelt ein junger Mann das Pferd und belastet es mit Gewändern und einem Sacke; hinter diesem steht ein Knabe, vor dem letztern eine Ziege. Um den Felsen biegen zwei Reisende, vom Rücken gesehen, der linke ist Fussgänger, der andere reitet. Sechs Schafe und ein Kalb sind ausserdem zu sehen.

B. 16" 3''', H. 12" 2'''.*

I. Vor aller Schrift. (Nach Winter Probedr. und sehr selten.)
II. Links: Berghem pinxit; darunter: J. Vifscher fecit. Rechts: Frederik de Widt excudit.
III. Mit der Adresse: N. Visscher exc.
IV. Die Adresse herausgenommen.

de Winter sagt, dass von den zwei Nummern 77 und 78 die Platten von Amsterdam nach Frankreich gekommen sind, wo neuere Abdrücke gemacht wurden. Wenn der Rand abgeschnitten ist, erkennt man die holländischen an der Mauer rechts, wo einige Stellen sich nicht stark abgedruckt haben, wogegen die französischen ganz schwarz sind; auch ist das Papier bei den letzteren schlechter.

78. Die Näherin beim Baume.
de Winter 60.

Der Hintergrund links ist bergig; von da kommt der Bach nach vorn. Rechts ist die Fernsicht durch eine Mauerruine gehemmt, die durchbrochen und mit Gebüsch und Bäumen bewachsen ist. Vor der Mauer steht ein trockener Baum, rechts sitzt unter demselben die Näherin, nach rechts gewendet, im Schoosse mit der Arbeit beschäftigt; zu ihren Füssen liegt ein schlafender Hund. Links des Baumes liegt im Schatten zusammengekauert der schlafende Hirt; der Korb vor ihm scheint sein Mittagmahl enthalten zu haben. Seine Heerde besteht aus einer Kuh und

einem Schaf, die rechts im Schatten des Gemäuers liegen, aus einem Esel, einem Schaf und einer Kuh, die links im Wasser stehen und einem Ochsen hinter den letzten, der, von der Seite gesehen, dem Wasser sich nähert.*)
B. 16" 7''', H. 13" 4'''.
Seitenstück zu Nr. 77. Siehe dort die Anmerkung.
I. Vor aller Schrift. Sehr selten.
II. Links: Berghem delineavit; darunter: J. Viffcher fecit. Rechts: Frederic de Widt excudit.
III. Mit der Adresse: N. Viffcher exc.
IV. Die Adresse herausgenommen.

79. Die vier Elemente.
de Winter 187.

de Winter beschreibt nur dieses Blatt, welches J. Visscher für den Atlas, den Nicol. Visscher herausgegeben hat, ausführte. Es ist ein grosses Blatt in die Breite und stellt vor: Verbeeld is de Aardkloot, door middel gesneden. In den vier Ecken sind in Ornamenten die vier Elemente. Links: N. P. Berchem invent. Rechts: J. de Visscher sculpsit. Selten in gutem Druck.

80—83. Landschaften mit Staffage.
Nach N. Berghem.
H. 7", B. 5" 2'''.
Folge von 4 Blättern. — de Winter 166—169.

80. (1) Die Heerde in der Landschaft mit dem Thurme. — Im rechten Hintergrunde erblickt man auf einem Felsen den viereckigen Thurm und links davon zwischen Pappeln ein Haus; im Vordergrunde liegt eine Kuh im Profil nach links, wo eine zweite Kuh, vom Rücken gesehen, zum Mittelgrunde schreitet. Links liegen zwei Schafe, hinter denselben steht ein drittes. Aus der Tiefe des Hintergrundes sieht man eine Bäuerin mit dem Wassereimer an der Stange und eine weisse Kuh hervorkommen.

I. Oben rechts in der Luft steht: Berghem delineavit; darunter: Clemendt de Jonghe excud. Vor der Nr.
II. Eben so, aber unten rechts : 1.
III. Statt der oberen Adresse: Nicolaus Viffcher excud.
IV. R. et J. Ottens exc. (Frenzel: Sternberg III. Nr. 3545.)

81. (2) Die halbverfallene Brücke. — Sie besteht aus zwei Bogen und durchschneidet den Mittelgrund. Auf derselben

---
*) Eine ähnliche Darstellung (aber in die Höhe, gr. 4⁰) ist aus dem Verlag des J. D. Hertz hervorgegangen.

reitet ain Mann zu Pferd, im Profil nach rechts; vor ihm geht eine Kuh, hinter ihm treibt der Hirt, in gleicher Richtung, die Schafe vor sich her. Im seichten Wasser des Vordergrundes, der rechts felsig ist, sitzt links ein Weib auf dem Esel, der gegen rechts gewendet ist, und sich bückt, um zu trinken. Mit dem Weibe spricht ein Mann, der zwischen ihr und dem Felsen auf einem Pferde reitet und einen breiten Hut hat. Rechts in der Ecke steht ein Hund. Ohne Bezeichnung.

I. Vor der Nr.
II. Mit derselben. (Spätere Drucke schwach.)

82. (3) Der beim Wasser sitzende Hirt. — Rechts am Hügel sitzt der Hirt, im Profil nach links; zu seinen Füssen ist ein Schaf. Die Mitte des Vordergrundes bildet Wasser, in welchem ein Ochs in Vorderansicht steht und trinkt; hinter ihm, auf festem Boden, steht ein zweiter Ochs, nach rechts gewendet, und links ein Ziegenbock. Den Mittelgrund bildet eine Strasse, die sich über eine Erhöhung neben dem Felsen links zieht; auf dieser reitet ein Weib auf einem Esel, von einem Manne und Hunde begleitet, nach vorn. Hinter ihr steigt ein Mann mit einem langen Stocke aufwärts. Rechts ist in der Ferne ein runder Thurm und noch weiter Gebirge zu sehen.

I. Vor der Nr. Oben in der Luft steht: Berghem C. D. Jongen excudet.
II. Mit der Nr. rechts unten.
III. Mit der Addr. Nic. Fifscher.

83. (4) Der Hirt mit dem langen Stocke beim Felsen links. — Er steht auf dem erhöhten Mittelgrunde beim Felsen links, im Profil nach rechts, hat einen breiten Hut und hält mit beiden Händen den langen Stock; zu seinen Füssen links liegt ein Hund. Im Vordergrunde ist Wasser, in welchem in der Mitte ein Bock und rechts ein Ochs, vom Rücken gesehen, stehen. Am Ufer rechts steht ein zweiter Ochs in Vorderansicht. In der Ferne rechts sieht man hinter Gebüsch und Pappeln Berge. Ohne Bezeichnung.
Wie bei Nr. 81.

34—87. Diversa animalia.
Nach N. Berghem.
H. 7″ 8‴—8″ 3‴, Br. 5″ 10--11‴.
Folge von 4 Blättern. Landschaften mit Thierstaffage.
de Winter 170—173.

I. Auf der Draperie: C. Jardyn delineavit.*)

---

*) Diese Schrift scheint Nagler bestimmt zu haben, die Folge dem Dujardin vindiciren zu wollen, sie hat aber im Machwerke nichts mit diesem gemein.

II. Statt Jardyn: **Berghem del.** und beim Stichrande **Frederik de Widt Excudit in de Calverstraat &c.**
III. J. **Vifscher fecit.** (Schwache Abdrücke.)
IV. Mit der Adresse: G. **Valk exc.** und Nr. 77 (auf dem Titelblatte.)

84. (1) **Das Titelblatt.** — Das Titelblatt wird durch ein viel gesprungenes Piedestal vorgestellt, auf welchem oben eine Kuh als Bildsäule, von vorn gesehen, aufgestellt ist. Links sieht man die Hirtin, im Profil nach rechts, mit einem Bocke, rechts den Hirten mit dem Stabe, die Draperie haltend, auf welcher geschrieben steht: **Diversa | Animalia |**

85. (2) **Der Reiter hinter der Mauer.** — Rechts im Mittelgrunde steht ein behauener Stein, hinter welchem sich eine hohe, an der Kante gesprungene Mauer und bei ihr eine niedrige Zaunmauer erhebt, die die Aussicht in's Freie lässt. Hier sieht man halb den Reiter mit Federbarett, wie er ein Mädchen auszufragen scheint. Drei Ochsen sind theilweise zu sehen. Im Raume des Vordergrundes steht ein Bock, vor ihm in Vorderansicht eine Ziege und rechts ein geschorenes Schaf. Ohne Bezeichnung. Rechts unten Nr. 12.

86. (3) **Das Weib am Hügel sitzend.** — Im Hintergrunde links sieht man die Ruinen eines runden Thurmes auf einem Felsen. Im Vordergrunde, ebenda, sitzt am Abhange des Berges das Mädchen, im Profil nach rechts, und zu ihren Füssen steht auf ebenem Boden der Hirt, auf den Abhang gelehnt, einen Hut auf dem Kopfe, mit einem langen Stabe in der Rechten. Rechts liegen drei Schafe; in der Mitte ein Hund, mit dem Kopfe nach rechts.*) Ohne Bezeichnung.

87. (4) **Der Esel beim Brunnen.** — Im Hintergrunde links ist eine hohe Mauer, die bis zur Mitte des Blattes sich ausdehnt; dann kommen bis zum rechten Rande Bäume und Felsen. An der Mauer ist ein Brunnen (wie in Italien oft zu sehen), vor diesem steht links, vom Rücken gesehen, der Junge, die Linke ausstreckend, rechts ist ein beladener Esel, auch vom Rücken gesehen, wie er sich dem Brunnen nähert; zwischen beiden ein Hund, im Profil nach links. Ohne Bezeichnung.

88—91. **4 Blatt Pastoralen.**
Nach N. Berghem.
H. 9″ 9‴—10″ 5‴, B. 7″ 9‴—8″.

---

*) Er ist mit einigen Strichen zu einem Steine umgewandelt; ob auch im 1. Drucke, ist mir unbekannt.

Folge von 4 Blättern. de Winter 112—115.
I. Vor der Nummer, und auf dem ersten Blatte steht unten: t'Amsterdam by Frederik de Widt, voor aen inde Calverftraet by den d'am inde Witte Pas — caert.
II. Eben so, aber rechts unten Nr. 1—4.
III. Unten: t'Amfterdam by Justus Danckerts aen inde Calverftraet by den dam in D'Anckers.
IV. Mit der Adresse: Marrebeck.

88. (1) Die Hirtinnen beim Brunnen. — Im Mittelgrunde links ist der Brunnen (nach italienischer Art) von Bäumen rückwärts umgeben. Zwischen dem Brunnen und den Bäumen wäscht ein Weib; bei ihr steht ein Ochs, im Profil nach rechts. Vor dem Brunnen links steht ein zweiter Ochs, vom Rücken gesehen, und ein Esel (man sieht nur einen Vorderfuss und den Hals desselben). In der Mitte kniet ein Mädchen nach links und melkt die Ziege. Das dritte Mädchen steht in der Mitte, im Profil nach links, die Rechte ausgestreckt, während die Linke in die Seite gestemmt ist, und redet mit der Melkerin. Links der gemelkten Ziege liegt ein Zicklein, rechts, hinter der stehenden Hirtin, sind zwei liegende und hinter diesen ein stehendes Schaf. Rechts im Grunde zwei Hirten, der eine auf dem Esel sitzend. Auf der Mauer des Brunnens steht: Berghem delin. Darunter: J. Vifscher fecit.

89. (2) Der Hirt mit dem langen Stabe. — Eine bergige Landschaft, deren Fernsicht rechts von einem hohen Felsen im Mittelgrunde begränzt wird. Im Vordergrunde steht, etwas gegen links, der junge Hirte, im Mantel eingehüllt, mit dem Hute auf dem Kopfe und hält mit beiden Händen einen langen Stab; vor ihm steht eine Kuh, vor dieser liegen zwei andere und bei diesen zwei Schafe. Ein Hund steht beim Hirten. Im Vordergrunde liegt ein Baumstumpf und ein Ast. Bei der Kante des Felsens im Hintergrunde ist ein Reiter und ein Fussgänger vom Rücken zu sehen.

90. (3) Die Hirtin mit dem Milchkübel. — Der bergige Hintergrund wird links durch Bäume und rechts durch einen mit hohen Bäumen bewachsenen Hügel im Mittelgrunde begränzt. Auf diesem Hügel sitzt rechts auf dem Mantel, den Hut auf dem Kopfe, der Hirt, nach links gewendet, vom Rücken gesehen, und spricht mit der Hirtin, die, den Milchkübel mit der Rechten haltend, vor der im Profil nach links gerichteten Kuh bei ihm steht. Im Vordergrunde ist die Heerde, bestehend

aus einem stehenden und zwei liegenden Ochsen, zwei Schafen und einer Ziege.

91. (4) **Der Weg beim Felsen.** — Der Mittelgrund ist so hoch, dass er fast ganz die Ferne bedeckt. Ueber ihn zieht der Weg vom Vordergrunde am Felsen vorüber, der, mit Gestrüppe bewachsen, sich links erhebt. Am Wege reitet ganz im Vordergrunde nach vorn ein Weib auf dem mit einem Holzbündel beladenen Esel, links geht ein Mädchen, begleitet von einem Hunde und zwei Ochsen; rechts sind drei Schafe, deren eines ein Widder bespringt. Auf der Höhe des Weges reitet ein Weib auf einem Esel neben dem Felsen, zwei Kühe vor sich treibend. Auf der Kante der Anhöhe kommt von rechts ein Mann mit dem Stabe auf der Achsel, von einem Hunde begleitet, und folgt dem vor ihm gehenden beladenen Esel und zwei Schafen.

92—95. **4 Blatt Pastoralen.**
Nach N. Berghem.
H. 10" 5''', B. 8" 1'''.
Folge von 4 Blättern. de Winter 108—111.

I. Vor der Schrift und den Nummern rechts unten.
II. Mit derselben und numerirt, aber ohne Adresse.
III. Mit der Adresse F. de Widt auf dem ersten Blatte.
IV. Mit der Adresse von M. Marrebeck, wenigstens auf einem Blatt Nr. 94(3).

92. (1) **Der Hirt beim steinernen Pfeiler.** — Der Pfeiler steht links, ist von Bäumen umgeben und von Schlingpflanzen überwuchert; vor demselben steht der Hirt und zeigt mit dem Stocke, den er in der linken Hand hält, dem neben ihm stehenden Weibe irgend etwas am Pfeiler; er ist von drei Schafen umgeben, von denen zwei nebeneinander nahe am linken Rande stehen. Rechts geht ein Esel zum Vordergrund und trägt auf beiden Seiten in den Körben, mit denen er belastet ist, kleine Kinder; hinter ihm sitzt ein Weib, im Profil nach links, ein Kind in den Armen, auf einem zweiten Esel. Ihr zur Seite links geht ein Mann und macht sie mit der rechten Hand gleichfalls auf den Pfeiler [aufmerksam. Ein Hund ist rechts am Rande vor der Gruppe. In der Ferne ist eine Ruine am Berge zu sehen. Oben auf dem Pfeiler steht: C. Berchem inventor. Darunter: J. Vifscher fecit.

93. (2) **Der trinkende Junge.** — Die Landschaft zeigt rechts im Mittelgrunde zwei Weidenbäume, bei diesen steht ein

Esel, und mehr zum Vordergrunde ist eine Kuh und drei Schafe liegend. Links auf einer kleinen Erhöhung beim Gartenzaune sitzt der Dudelsackpfeifer, hinter ihm ist ein kahler Baumstamm und andere Bäume und eine Kuh im Profil nach rechts. Im Vordergrunde sitzt, vom Rücken gesehen, ein Mädchen, die so eben die vor ihr stehende Ziege gemelkt zu haben scheint und die volle Schale dem Jungen zu trinken giebt, der links neben der Melkerin steht. Noch ist da ein Hund zu sehen und in der Mitte des Blattes ein liegendes Zicklein.

Dieselbe Landschaft sammt dem Dudelsackpfeifer und der Melkerin kommt auch auf dem Blatte Nr. 134 vor, nur ist jenes Blatt in die Breite und fehlt der Junge. So scheint die Handlung hier eine Fortsetzung jener auf Nr. 134 zu sein.

94. (3) **Der Hirt im Schafpelz geht mit der Heerde durch den Fluss.** — Der Fluss ist im Vordergrunde, an seinem jenseitigen Ufer bemerkt man Felsen mit vielen Gebüschen bewachsen, hinter welchen ein Berg zu sehen ist. Durch den Fluss schreitet der Hirt rechts, vom Rücken gesehen, in Schafpelz gekleidet, einen langen Stock mit beiden Händen haltend. Er ist vom Hunde begleitet und treibt vor sich drei Kühe: die eine, schon am jenseitigen Ufer, steht im Profil nach links, die beiden andern erblickt man vom Rücken; die mittlere pisst.

Man findet Abdrücke, wo unten rechts M. Marrebeeck steht, aber ohne Nummer.

95. (4) **Der Junge mit dem Baumstumpf.** — Der Junge steht im Vordergrunde am Waldwege, der zwischen dem Walde an zwei rechts stehenden verbogenen Bäumen in den Hintergrund sich hinzieht; er ist fast vom Rücken gesehen und bemüht sich, aus mehreren auf der Erde liegenden Stämmen einen mit Mühe aufzuheben. Rechts ladet ein Mann, bei dem ein Hund steht, Reissig und Holz auf den Esel, der fast in Vorderansicht steht; links ist ein anderer Esel in umgekehrter Richtung. Bei den zwei Bäumen sieht man ein Mädchen mit einem Stocke in der rechten Hand und hinter ihr eine brüllende Kuh. Am Wege im Hintergrunde verliert sich ein Mann mit langem Stock in der Ferne.

96—101. **6 Blatt Pastoralen.**
Nach N. Berghem.
B. 6" 10''', H. 5" 2'''.
Folge von 6 Blättern. de Winter 136—141.

I. Vor dem Namen und der Nummer rechts unten.
II. Mit dem Namen und in der Mitte unten steht: **Gedruckt**

t'Amfterdam by Justus Dankerts inde Calverftraat, in D'Anckers. Links unten Nr. 16 (Verlags-Nr.).
III. Mit der Adresse des F. de Wit.
IV. Mit der Adresse: Reinier et Joan. Ottens. (Frenzel: Sternberg III. Nr. 3541.)

96. (1) Der Hirt bei der Ruine. — Die Hälfte des linken Mittelgrundes nimmt die mit Gebüsch bewachsene Ruine ein, deren Vorderseite beschattet ist. Rechts sieht man im Hintergrunde felsige Anhöhen und Ebene. Fast in der Mitte des Mittelgrundes steht der Hirt, das Gesicht in Seitenansicht nach links gewendet, mit beiden Händen auf den Stab gestützt. Seine Heerde besteht aus vier Schafen (zwei liegen in der Mitte des Blattes, das dritte verschwindet rechts gegen den Hintergrund, das vierte ist im Profil nach Links), einem Ochsen, der links in Seitenansicht nach Rechts steht, den Kopf aber zum Beschauer wendet, und einer Ziege, die mit einem Zicklein in der Mitte des Vordergrundes liegt.

97. (2) Die pissende Eselin vor dem Brunnen. — Rechts ist eine Ruine und links über der niedrigen Mauer sind Bäume zu sehen. Im Vordergrunde rechts ist ein Brunnentrog, vor welchem eine mit Körben beladene pissende Eselin, vom Rücken gesehen, steht. Links steht ein zweiter Esel, im Profil nach rechts, und trinkt; auf ihm sitzt in gleicher Richtung ein Mädchen, mit der spricht der junge Eselstreiber, der hinter dem Brunnen steht. Zwischen den beiden Thieren ist ein Hund. Mit Nr. 2 Rechts unten; eben so die folgenden Nummern mit 3—6 bezeichnet. Ohne Bezeichnung.

98. (3) Der reitende und stehende Hirt. — Rechts ist ein mit Gebüsch bewachsener Felsen, links Aussicht in die Ebene, in welcher zwei Hirten mit Thieren zu sehen sind. Ein hoher Berg schliesst den Hintergrund. In der Mitte des Vordergrundes steht der Hirt mit dem aufgestülpten Hute, und legt seine Rechte auf die Kuh, während er mit der Linken den Stock hält. Rechts reitet neben dem stehenden ein anderer Hirt auf einem Esel und hält einen langen Stock quer mit seinen Händen; er ist, wie der Esel, vom Rücken zu sehen und wird von einem Hunde begleitet. Rechts oben am Felsen: Vifscher. Darunter: fecit. — Auf der gegenseitigen Copie steht links unten: Se vende da Matteo Giudici alli Cesarini. Links oben: E. B. sc. Romæ. (E. Bæck.)

Die Originalzeichnung zu diesem Blatte (B. 6" 7''', H. 5" 2''') mit Feder, Tusche und Sepia, gegenseitig zum Stiche ausgeführt, ist in der Albertina. Links oben steht: Berchem. Darunter: anno 1656.

99. (4) **Die Furth.** — Ein Fluss durchschneidet die Landschaft von Rechts nach Links; zwei Ochsen, rechts, durchschreiten das Wasser, um das jenseitige Ufer zu erreichen, wo sich hohe Felsenmassen erheben und wo man in der Ferne zwei Männer, auf Eseln reitend, vom Rücken sieht. Auf dem diesseitigen Ufer sitzt ein Mädchen auf einem schreienden Esel, im Begriffe, den Fluss zu übersetzen und wendet sich abwehrend zum Hirten zurück, der sich anstrengt, hinter ihr aufzusitzen. Links steht ein Hund mit Halsband.

100. (5) **Das Milchmädchen über den Bach schreitend.** — Im Vordergrunde ist ein Bach, der sich rechts in die Ferne zieht: über denselben schreitet auf grossen Steinen, die den Steg durch das Wasser bilden, das Milchmädchen mit dem Milchkruge in der Linken, gegen den Zuschauer. Ihr folgt von jeder Seite eine Kuh, vor ihr watet der Hund links im Wasser. Im Mittelgrunde begränzt den Bach ein kleiner Hügel, der in der Ferne von hohen Bergen überragt wird. Dort passirt ein Bauer, auf einem Esel sitzend und vom Rücken gesehen, den Bach und wird von zwei Kühen, deren eine (links) bepackt ist, begleitet. — Eine mittelmässige Copie ist von der Gegenseite.

Die Originalzeichnung (B. 6" 7''', H. 5" 3''') gegenseitig, mit Feder, Tusche und Sepia, ist in der Albertina. Rechts oben steht: Berchem f. 1656.

101. (6) **Zwei Esel bei der Krippe.** — Die Krippe ist an der Mauer eines Hauses angebracht, welches über die Hälfte des Blattes einnimmt und links von Gebüschen umgeben ist, aus welchen ein kahler Baum sich erhebt. Vor der Krippe stehen die zwei Esel, der eine rechts, fast vom Rücken gesehen, der andere links, im Profil nach Rechts.

In der Albertina ist ein Contre-Epreuve.

102—105. **4 Blatt Pastoralen.**
Nach N. Berghem.
B. 7" 5''', H. 5" 9'''.
Folge von 4 Blättern. de Winter 132—135.

I. Ohne Namen und Nummern rechts unten. Sehr selten.
II. Mit denselben, aber ohne Adresse.
III. Mit der Adresse: **M. Clemendt de Jonghe excudit, t'Amsterdam in de Kalverſtraat in de gekroonde Konst — en Kaartwinkel.**
IV. Statt der ersten Adresse: **Theodorus Danckerts exc.**
V. In der Mitte: **Ex formis Nicolai Visscher.**
VI. Die Adresse: **Reiner et Josua Ottens exc.**

102. (1) **Das Weib auf dem ausschlagenden Esel.** — Die Aussicht ist von Felsen begränzt, und öffnet sich nur rechts durch das Gebüsch ein wenig auf die fernen Berge. Im Vordergrunde ist eine Pfütze, welche ein Weib, auf dem Esel sitzend, übersetzt; dieses wendet sich nach Links und schwingt mit der Rechten die Peitsche, um den schreienden Esel zu züchtigen, der mit den Hinterfüssen ausschlägt und von dem nach Links laufenden Hunde angebellt wird. Näher dem Felsen führt ein Mann einen beladenen Esel nach Links. Sonst sieht man noch links ein Schaf in Vorderansicht und ein zweites rechts vom Rücken. Oben rechts in der Luft: Berghem delin. Darunter: J. Vifscher fe.
Die gegenseitige Copie ist bezeichnet, links unten: Stampa di Matteo Giudici alli Cesarini. Rechts: E. B. A. H. sc. (E. Bæck.)

103. (2) **Das Mädchen mit dem Milchgeschirr.** — Links sieht man einen Felsen, rechts im Mittelgrunde eine Gartenmauer, hinter dieser Bäume. Zwischen dieser und dem Felsen dreht sich der Weg, auf welchem, in der Mitte des Blattes, ein wenig nach Rechts gerichtet, die Kuh steht. Vor derselben schreitet nach links das Mädchen mit dem Milchgeschirr, welches sie in der Rechten hält. Beim Felsen links gruppiren sich zwei Schafe und vor diesen, vom Rücken gesehen, eine Ziege. Rechts ist im Schatten ein Widder und über den Abhang des Felsen kommt noch in Schaf, und ist der Rücken eines zweiten sichtbar. Unten links: Berghem delin. Rechts: J. Vifscher fe.

104. (3) **Der junge Eseltreiber mit dem langen Stocke.** — Links im Mittelgrunde Felsen, die sich nach rechts absenken und in der Ferne zackige Berge sehen lassen. Auf dem Wege, der sich vom rechten Hintergrunde zum linken Vordergrunde zieht, reitet ein Junge mit breitem Hute, einen langen Stock in der Rechten haltend, auf einem Esel, von dem man nur die Füsse und das rechte Ohr sieht, weil das Andere von zwei beladenen Eseln bedeckt wird, die der Junge vor sich hertreibt. Neben dem Reiter geht rechts, in einen Mantel gehüllt, ein Mann mit einem Hunde. Oben in der Luft rechts: Berghem delin. Darunter: J. Vifscher fe.
Die gegenseitige Copie ist bezeichnet, links: Si vende da Matteo Giudici alli Cesarini. Rechts: L. R. sc. Romæ.

105. (4) **Die Spinnerin neben der Wäscherin.** — Der Felsen, der sich links am Rande erhebt, geht in der Vertiefung in einen Hügel über, unter welchem man eine verfallene Hütte und entfernter eine zweite in besserem Zustande sieht.

Rechts erblickt man durch Bäume theilweise einen Berg. Links im Vordergrunde unterhalb des Felsens ist Wasser, in welchem eine Kuh in Vorderansicht steht; eine andere, im Profil nach Links, trinkt aus dem Wasser; vor ihr kniet am Ufer ein Weib und wäscht, schaut aber auf zu der Spinnerin, welche, rechts stehend, ihr zusieht und mit der Linken den Spinnrocken hält. Rechts liegen zwei Schafe und eine pissende Ziege ist zum Hintergrunde gewendet. Oben in den Wolken rechts: **Berghem delin.** Darunter: **J. Vifscher fe.**

F. Kobell hat diese Darstellung in Aquatinta ausgeführt. Eine vergrösserte Copie (Originalscite) ist von Strutt.

106—111. 6 Blatt Pastoralen.
Nach N. Berghem.
B. 7" 5—7"', H. 5" 9—10"'.

Folge von 6 Blättern. de Winter 142—147.

I. Vor aller Schrift. Sehr schön.
II. Links: **C. Berghem invent.** Rechts: **J. Vifcher fecit.** Mitte: **Justus Danckerts excudit t'Amfterdam inde Calverstraat in D'Anckers.**
III. Auf dem ersten Blatte in der Ecke der Terrasse: Nr. 15. (Verlags-Nummer.)

106. (1) Der Mauleseltreiber. — Aus der Mitte des Hintergrundes zieht sich, von Bergen und mit Gebüsch bewachsenen Felsen von beiden Seiten eingeschlossen, ein Weg zum Vordergrunde. Auf demselben geht in gleicher Richtung der Mauleseltreiber mit breitem Hute und in einen Mantel gehüllt zwischen dem mit Gewändern bedeckten Esel (links) und dem bepackten und geblendeten Maulesel (rechts). Ein Hund, der sich zum Manne umwendet, geht ihm voran.

Es giebt eine Copie von der Gegenseite von Nr. 1 und 3.

107. (2) Der Hirtenjunge reitend und das Milchmädchen gehend. — Am Abhange hoher Berge, die sich links vorn mit einem mit Gebüsch bedeckten Felsen abschliessen, reitet in der Mitte des Blattes ein Junge auf dem Esel nach vorn. Er ist mit beiden Füssen nach links gerichtet, sein Hut reicht ihm tief über die Augen; er hat die linke Hand erhoben und scheint sich mit dem Mädchen zu unterhalten, die, von einem Hunde gefolgt, links neben ihm einhergeht. Rechts geht frei ein zweiter Esel, mit einem Gewande bedeckt, in der Richtung nach Rechts. Ohne Bezeichnung.

108. (3) Das reitende Mädchen beim Wasserfall. — Den Vordergrund bildet ein Fluss, der sich von Rechts nach Links und dann wieder nach Rechts in den Hintergrund um den Felsen hinzieht, der sich rechts, von Gestrüppe bedeckt, erhebt und einen kleinen Wasserfall bildet. Der Hintergrund ist bewaldet und bergig. Das Wasser durchzieht ein Mädchen, auf dem vom Rücken gesehenen Pferde, nach Rechts gewendet, sitzend, und zeigt mit der Rechten auf den Wasserfall, wohin auch der Hirt zeigt, der, mit kurzer Jacke und breitem Hute, rechts neben dem Mädchen geht. Vor ihnen ist im Wasser eine Kuh zu sehen, eine zweite steht links im Profil und trinkt. Rechts steht beim Hirten ein Ziegenbock.

Auf der Copie steht links: Si vende da Matteo di Giudici alli Cesarini. Rechts: F. Bæck sc. Romæ.

109. (4) Der Ochsenhirt beim Hügel. — Die Aussicht in die Ferne wird im Mittelgrunde durch einen Hügel gehindert; nur rechts sieht man ferne Berge. Bei diesem Hügel links im Vordergrunde am Wege liegt, auf den linken Arm gestützt, der Hirt, vom Rücken gesehen, mit dem Hute bedeckt. Rechts liegt im Profil nach Links ein Ochs, weiter steht ein zweiter, fast vom Rücken gesehen, und neben diesem, nach Rechts gewendet, ein Schaf. Am Hügel ist ein dritter Ochs zu zu sehen, im Profil nach Rechts, und hinter dem Hügel, nur halb sichtbar, ein vierter, nach Links gerichtet.

110. (5) Der Ochsenhirt auf dem Esel. — In einer bergigen Landschaft, in der man rechts in der Ferne zwei Weiber sieht, steht in der Mitte des Vordergrundes ein Ochs, nach links gewendet. Hinter demselben reitet der alte Hirt auf einem Esel, von dem man nur den Hintertheil sieht. Der Hirt hat einen breiten Hut auf dem Kopfe und eine Jacke aus Schaffellen; er zeigt etwas mit der linken Hand dem Manne, der hinter dem Ochsen in Vorderansicht, in einen Mantel gehüllt, zu sehen ist. Ein Hund geht hinter dem Esel; ein zweiter Ochs steht links, halb vom Rücken gesehen, mit zur Erde gesenktem Kopfe vor den mit Gebüsche bewachsenen Felsen.

111. (6) Der alte Hirt und der liegende Junge. — Von links, wo ein Felsen mit Gebüsch zu sehen, senkt sich nach rechts der Hügel zur Ebene, wo hinter zwei reich belaubten Bäumen ferne Berge zu sehen sind. Am Rande des Hügels erheben sich aus einer Wurzel zwei Bäume, deren Krone ausser dem Bilde zu suchen. Am Fusse derselben liegt ein Junge, mit der Rechten gestützt, und redet mit dem alten langbärtigen Hirten, der, mit einer Kappe bedeckt und auf den Stock gestützt, in der Mitte des Blattes nach Rechts gewendet steht; seine Füsse sind kreuzweis gestellt, und er lehnt sich an einen Baumstumpf

an. Näher dem Felsen links steht, in Vorderansicht, ein Ochs; hinter dem Jungen am Hügel oben ein zweiter, zum Hintergrunde gekehrt, und zwischen beiden sieht der Kopf eines dritten aus der Vertiefung heraus. Links im Vordergrunde geht ein Ziegenbock nach Rechts, und rechts am Rande liegt der Schäferhund.

112—119. 8 Blatt Pastoralen.
Nach N. Berghem.
B. 7″ 7‴—8″ 1‴, H. 5″ 8⁗—6″.
Folge von 8 Blättern. de Winter 158—165.
I. Links: C. Berghem delineavit. Rechts: J. Viſſcher fecit. Mitte: t'Amſterdam F. de Widt Excudit voor an inde Calverstraat inde Witte Paſ-caart.
II. Mit der Adresse des J. Danckerts.

112. (1) Der aus der Hutkrämpe trinkende Hirt rechts. — Links ist die Aussicht in die Ferne frei und man sieht nur im Umrisse einen hohen Berg, an seinem Fusse einen Thurm. Mehr als die rechte Hälfte des Blattes nimmt ein hoher Felsen ein, aus dem rechts ein reicher Wasserfall sich ergiesst, und ein Bächlein bildet, aus dem der Hund trinkt. Auch der Hirt, mit Mantel und Pelzjacke, nach Rechts gekehrt, hat in der Krämpe seines Hutes Wasser aufgefangen und scheint es begierig zu trinken. Hinter ihm, in der Mitte des Blattes, fast in Vorderansicht, steht ein Ochs, weiter links ein Ziegenbock, im Profil nach Rechts, und hinter diesem drei Schafe in verschiedenen Stellungen. Rechts unten im Wasser : 1.

113. (2) Das Pferd bei der Krippe. — In einer flachen Landschaft, in der nur rechts in der Ferne einige niedrige Berge zu sehen sind, ist links bei einem Feldzaun zwischen zwei Pflöcken die Krippe angebracht. Vor dieser steht in der Mitte des Blattes, nach Links gekehrt, das Pferd. Links unten Nr. 2 innerhalb des Stiches.

114. (3) Die Kuhmelkerin. — Zwei Drittheile des Hintergrundes nimmt rechts ein Mauerwerk ein, an das sich ein Zaun anlehnt. Fast in der Mitte des Blattes steht die Kuh, nach Rechts gewendet, und wird von der Bäuerin, welche knieend vom Rücken zu sehen, gemelkt. Neben ihr steht links eine Ziege; eine andere liegt rechts am Rande im Schatten. Hinter der Kuh sieht man theilweise ein liegendes Schaf. Rechts unten im Schatten Nr. 3. (So ist es in der Albertina; dann muss sich de Winter irren, der hier die Nr. 7 anführt. Auf dem Blatte de W. 160 ist keine Nummer.)

Auf einer gegenseitigen Copie steht oben rechts in den Wolken: Berghem delin. Eine andere Copie ist von Bertaux.

115. (4) Die drei Schafe beim Aehrenfelde. — Im Grase beim Aehrenfelde, welches fast zwei Drittel des rechten Mittelgrundes einnimmt, liegen in der Mitte des Blattes zwei Schafe, das vordere fast im Profil nach Rechts, das andere vom Rücken gesehen. Rechts steht das dritte im Profil nach links und scheint zu blöken. Rechts unten im Eck sieht man Disteln. Rechts unter den Disteln : 4.
In der Copie von der Gegenseite (B. 6" 11''', H. 5" 6''') steht links oben in der Luft: Berghem delin.

116. (5) Die zwei Ochsen und das Schaf — Rechts erheben sich hohe Felsen; seichtes Wasser nimmt den ganzen Vordergrund ein. In der Mitte des Blattes steht im Wasser ein Schaf, fast in Vorderansicht, ein wenig nach Links gewendet. Rechts steigt der Ochs mit den Vorderfüssen ins Wasser hinab, während links ein zweiter am Ufer vom Rücken zu sehen ist. Den Hintergrund begränzt Gestrüpp. Rechts Nr. 5 im Schatten.

117. (6) Der Eseltreiber, welcher durch das Wasser zieht. Links erhebt sich, fast senkrecht, ein hoher Felsen und an dessen Fusse nimmt ein seichtes Wasser den Vordergrund ein und breitet sich im rechten Mittelgrunde zu einem Teiche aus, der von Hügeln und Bäumen begränzt wird, über welchen man einen sehr hohen Berg wahrnehmen kann. Der Eseltreiber, mit breitkrämpigem Hute und sehr langem Stocke, fast vom Rücken gesehen, geht von Links nach Rechts; sein linker Fuss ist noch im Wasser, während sein rechter auf einen Stein tritt. Um den Felsen biegen zwei beladene Esel; der eine, links, mit zwei Körben an den Seiten, ist vom Rücken gesehen, der andere im Profil nach Links. Ein Hund folgt ihnen. Rechts unten im Wasser: 6.
Es giebt eine Copie von der Gegenseite, darauf steht links oben in der Luft: Berghem delin.

118. (7) Der Hirtenknabe auf der Mauer sitzend. — Der Vordergrund ist ein Hügel, der rechts in der Tiefe einen niedrigen Berg sehen lässt. Von Links zieht sich zum Mittelgrund eine Mauer hin, hinter welcher man Bäume bemerkt. Auf dieser Mauer sitzt der Hirtenjunge mit breitkrämpigem Hute, einen Stock mit der rechten Hand haltend, im Profil nach Rechts und sieht aus der schattigen Höhe auf drei Ochsen herab, deren einer bei der Mauer liegt, der mittlere und vorderste, fast vom Rücken gesehen, zur Mauer gekehrt ist und der dritte

rechts im Profil nach Links steht, wie er den Kopf auf den Hals des zweiten legt. Rechts im Winkel liegt ein Holzpflock, in welchem ein Nagel aufwärts steht. Ohne Nummer.

119. (8) Der lachende Hirt bei den Planken. — Links ist Aussicht in eine kahle, mit niedrigen Hügeln begränzte Gegend. Den rechten Vordergrund bildet ein Hügel, der mit Planken besetzt ist; vor diesen sitzt ein Mädchen, nach Links gewendet, die linke Hand im Schoosse, während sie die Rechte erhoben hält und den mit einem Tuche umhüllten Kopf zum lachenden Hirtenjungen erhebt, der, in eine Jacke gehüllt, mit der Linken an die Planken sich anlehnt. Hinter ihm steht ein Ochs nach Links gewendet, hinter diesem ist theilweise ein Schaf zu sehen. In der Mitte des Blattes steigt ein Bock in den tiefen Mittelgrund hinab, wo links in der Ferne ein Schaf, ein stehender und zwei liegende Ochsen zu sehen sind. Oben rechts in der Luft: Berchem.

120—123. 4 Blatt Rheingegenden.
Nach N. Berghem.
B. 8" 6''', H. 5" 9'.

Folge von 4 Blättern. de Winter 124—127.

I. Vor den Namen und der Nummer. (Nach Winter Probedrücke, und sehr selten. Im Catalog Rigal ebenfalls erwähnt.)
II. Links: Joannes Visscher fecit. Mitte: N. P. Berchem inventor. Rechts: Nicolaus Vifscher excudit. Unten Nr. 1.
III. Rechts: Theodorus Danckerts excudit; statt der früheren Adresse.
IV. Rechts: Reiner et Josua Ottens excudit. Schwach und theilweise aufgestochen.

120. (1) Die Ueberfuhr. — Ein Strom zieht sich von rechts zum Mittelgrund und verschwindet in der Ferne, wo er mehrere Inseln zu bilden scheint. Das jenseitige Ufer rechts wird von steilen Felsen gebildet, auf deren Höhe sich ein Castell mit einem runden Thurme befindet und die mit Bäumen spärlich bedeckt ist. Auf der Fähre werden übergesetzt ein Mann zu Pferd, drei Kühe und zwei Schafe. Ein Schiffer, mit der Stange in der Hand, spricht mit dem Reiter, der andere setzt über. Links, am diesseitigen Ufer, wartet auf den Kahn eine Hirtin, auf dem Maulesel sitzend; auf ihrer linken Seite kommt ein Schaf und eine Kuh; hinter dieser steht ein Ochs im Profil nach Rechts, auf welchen sich der vom Rücken sichtbare Hirt mit dem

langen Stocke lehnt und hinter welchem noch zwei Schafe theilweise zu sehen sind. Am Rand des Wassers steht ein Schaf im Profil nach Rechts; im Wasser sieht man einen Ochsen vom Rücken und eine Ziege im Profil nach Links. Die Originalzeichnung bei Verstolk Nr. 71.

121. (2) Die Spinnerin und der Ackersmann. — Links ist über Gebüsche Aussicht in die Ferne, die von einem Berge abgeschlossen ist; den rechten Vordergrund bildet ein Hügel, der rechts am Rande von Felsen, die mit Gebüschen bewachsen sind, begränzt wird; beim Felsen ackert ein Bauer, während ein Junge die Zug-Ochsen antreibt. Vorn in der Mitte des Blattes sitzt, gegen Links gekehrt, die Spinnerin, zu ihren Füssen liegt, vom Rücken gesehen, der Hirt. Rechts von der Spinnerin liegt ein Korb mit dem Stabe, ein Milchgefäss und bei grossblätterigen Kräutern abgehauene Baumstämme. Hinter der Spinnerin weidet eine Kuh, fast vom Rücken gesehen, und rechts liegt eine zweite, nach Rechts gewendet. Rechts unten Nr. 2.

122. (3) Die Spinnerin am Ufer. — Den ganzen Mittelgrund und linken Hintergrund des Blattes bildet der See, auf welchem ein Fahrzeug zu sehen und der rechts von niedrigen Höhen begränzt wird. Hier bildet das Ufer einen Hafen, an dem eine Stadt liegt. Der Vordergrund ist das Ufer. Hier steht, nach Links gewendet, die spinnende Hirtin mit dem Spinnrocken unter dem linken Arme. Hinter derselben ist eine Kuh im Profil nach Rechts; vor ihr, gegen Links, eine zweite liegend, in Vorderansicht. Zwischen ihr und der Spinnerin ist eine Ziege stehend und rechts ein Schaf liegend. Beim Ufer rechts sind zwei Männer zu sehen.

123. (4) Die Heimkehr der Hirten. — Links Aussicht in die Ebene, die von Bergen eingefasst und von einem Flusse durchzogen wird. In der Ebene sind mehrere Gebäude und Thürme zerstreut, am Flusse mehrere Fahrzeuge. Den Vordergrund bildet eine Anhöhe, wo der Weg in die Niederung, wo ein Schloss zu sehen ist, sich hinabzieht. Auf dem Wege im Vordergrunde reitet, vom Rücken gesehen, ein Mädchen auf einem Esel und zeigt mit der Linken in die Ferne, und scheint mit dem Hirten zu reden, der rechts ihr zur Seite mit dem Stocke in der Rechten geht. Eine Kuh steigt gegen Links hinab, drei Schafe und der Hund mit Halsband folgen. Von rechts sieht man einen in einen Mantel gehüllten Mann zu Pferde kommen; er zeigt mit der Rechten vor sich hin und ist von einem jungen Manne zu Fuss begleitet. Links, auf einer tieferen Fläche, reitet zur Tiefe ein Mann und links geht ein zweiter neben ihm,

eine Kuh ist voraus und ein Schaf und ein Hund folgen. In der Vertiefung ist noch ein Mann halb zu sehen.
Die Originalzeichnung bei Verstolk Nr. 72.

124—127. **4 Blatt Pastoralen.**
Nach N. Berghem.
B. 9" 6''', H. 7".
Folge von 4 Blättern. de Winter 120—123.
I. Links: Berghem delienavit. Mitte: Frederic de Widt Excudit, in de Calverftraat by den Dam inde Witte Pascaart t'Amfterdam. Rechts: J. Viffcher fecit. und unten Nr. 1.
II. Mitte: Justus Danckerts excudit, tAmfterdam aen inde Calverftraet in D'Anckers. Sonst wie I.

124. (1) Die ruhende Heerde. — In einer Landschaft in deren Hintergrunde man einen Fluss und Berge sieht, sitzt im Vordergrunde rechts der Hirt, nach Links gewendet, mit breitem Hute auf dem Kopfe, auf einem Hügel. Fast in der Mitte des Blattes steht eine Kuh und hinter derselben liegt eine zweite, im Profil nach Rechts. Links am Rande sieht man eine liegende Ziege und zwei gehende Schafe, alle vom Rücken gesehen. Rechts im Vordergrunde liegt ein Schaf, nach Links gewendet, vor demselben ein Lamm und rechts benagt ein Bock ein Gestrüppe.

125. (2) Das ruhende Hirtenpaar. — Die Landschaft, die sich rechts vertieft, bildet links einen Hügel, auf welchem drei Bäume beim Felsen stehen. deren Kronen ausser dem Stichrande zu denken. Auf diesem Hügel sieht man links das sitzende und schlafende Weib; sie ist nach Rechts gewendet und hat die Hände im Schoosse. Hinter ihr liegt der Hirt, mit dem Hute bedeckt, den Kopf auf die Hände gestützt und schläft gleichfalls. Vor beiden liegt der Hund. In der Mitte des Blattes zwei Kühe, eine stehend, fast vom Rücken gesehen, die andere liegend, nach Rechts schauend. Unter den Bäumen steht ein schreiender Esel, im Profil nach Rechts. Zwischen diesem und der liegenden Kuh ist ein ruhendes Schaf; im Vordergrunde sind zwei andere ruhende Schafe und ein viertes kommt rechts vom Hintergrunde. Links: Berghem delineavit. Rechts: J. Viffcher fecit. und unten Nr. 2.

Die ersten Abdrücke von Nr. 2—4 erkennt man daran, dass sie in den Schattenpartien kräftig sind.
Die Originalzeichnung bei Verstolk Nr. 265.

126. (3) Das Mittagsmahl der Hirten. — In der Ferne, die von Bergen begränzt ist, sieht man rechts den ackernden

Bauer. Im Mittelgrunde links sieht man auf einer mässigen Anhöhe drei Hirten. Der vorderste, fast vom Rücken gesehen, sitzt und trinkt aus einem grossen Kruge, den er mit der rechten Hand hält. Rechts sitzt der andere, ein Knabe, mit dem Hute bedeckt, und betrachtet lachend den Trinker. Der dritte steht, ein wenig gebeugt, zwischen beiden rückwärts. Links der Gruppe ist der Korb (wahrscheinlich werden darin die Leckerbissen gebracht). Hinter den Hirten ist eine Kuh, nach Links gewendet. Die übrige Heerde befindet sich im Vordergrunde und besteht aus zwei Ochsen (der eine in der Mitte, in Vorderansicht stehend, der andere rechts liegend), einem Schafe und einer Ziege, die beide, das Schaf hinter der Ziege, neben dem stehenden Ochsen liegen. Am Abhange des Hügels sind zwei Schafe theilweise sichtbar. Links: **Berghem delineavit**. Rechts: J. **Viffcher fecit**. Unten Nr. 3.

127. (4) **Die Mutter mit dem Wickelkinde bei der Kuhmelkerin**. — Der Vordergrund ist ein Hügel, der sich gegen Links erhebt, rechts aber herabsenkt und die Aussicht auf ferne Gebirge lässt. Am Hügel links beim Gebüsch stehen zwei Bäume; am Fusse des vorderen steht eine grosse Milchkanne und liegt ein Stock auf der Erde. Rechts davon sitzt bei demselben Baume die Mutter, nach Rechts gewendet, und hält auf ihrem Schosse das eingewickelte Kind. In der Mitte des Blattes melkt die Hirtin, vom Rücken sichtbar, die Kuh, die im Profil nach Rechts steht. Hinter dieser steht eine zweite, zu den Bäumen gewendete und brüllt. Rechts ein liegendes und ein zum Hintergrunde schreitendes Schaf; in der Ferne ist ein drittes zu sehen.

128—131. 4 Blatt Pastoralen.
Nach N. Berghem.
B. 9″ 7‴, H. 7″ 3‴.

Folge von 4 Blättern. de Winter 116—119.

128. (1) **Der das Mädchen liebkosende Hirt.** (Wahrscheinlich für ein Titelblatt bestimmt gewesen.) — Den Mittelgrund nimmt ein scheinbar behauenes Felsstück ein, auf welchem ein Hund im Profil nach Rechts steht und ein Hirt, halb liegend, auf die rechte Hand sich stützend, sitzt; er hat einen breiten Hut, eine Pelzjacke und streichelt mit der Linken das Kinn der jungen Hirtin, die bei ihm links auf einer kleinen Erhöhung steht und mit der Linken an den Felsen sich anlehnt, während die Rechte am Rücken verschwindet. Links erhebt sich ein Fels mit Gebüsch und trockenen Bäumen. Vor der Hirtin benagt ein Bock das Gestrüpp und liegen zwei Schafe. Rechts steht ein

leicht bepackter Esel, gegen Links gewendet, vor ihm liegen zwei Schafe, das vordere vom Rücken gesehen; links liegt ein Bock und ein Zicklein, rechts steht eine pissende Ziege.
I. Links unten: C. Berghem delineavit. Rechts: J. Vifscher fecit. und Nr. 1. Mitte: Frederick de Widt excudit inde Calverftraet by den Dam inde Witte Pas-caert t'Amfterd.
II. Eben so, aber mit folgenden Ueberarbeitungen, die im ersten Zustande fehlen: Der Schatten unter den Füssen des Hirten, der dunklere Theil des Schattens der Hirtin am Felsen hat eine perpendiculäre Strichlage erhalten. Die Thiere durchweg sind mit einer dritten Strichlage im Schatten bedeckt. Statt der ersten Adresse steht: Justus Danckerts excudit t'Amsterdam inde Calverstraat in D'Anckers.

129. (2) Die Ueberfuhr links. — Rechts erhebt sich ein hoher Felsen und nimmt die Hälfte des Blattes ein; von Links kommt ein breiter Fluss und verliert sich hinter dem Felsen. Jenseits des Flusses sieht man ödes, mit Gebüsch bedecktes Land, über welches sich ein hoher Berg erhebt; am Flusse ist die Fähre, auf welcher sich der Fährmann, ein Weib (auf dem Esel sitzend?), ein Mann, eine Kuh und mehrere Schafe befinden. Ihrer Ankunft harren am Ufer im Vordergrunde rechts zwei Mädchen; das eine sitzt zu Pferde, ist fast vom Rücken gesehen und zeigt mit der linken Hand auf das Schiff; das zweite Mädchen steht hinter dem Pferde und spricht mit dem ersten. Rechts sitzt ein Hirt mit breitem Hute auf dem mit einem Sacke beladenen Esel, fast in Vorderansicht, und bläst die Flöte. Ein Widder, ein Schaf und ein Hund stehen vorn zerstreut, eine Kuh nähert sich dem Wasser.
I. Links: C. Berghem delin. Rechts: J. Viffcher fecit. Im Eck: 2.
II. Eben so, aber überarbeitet: Die Ferne ist deutlich ausgeführt, unter dem Gebüsch am Felsen sind senkrechte Striche, der Sack vor dem flötenden Hirten hat rechts im Schatten dreifache Strichlage, im Schatten des Kleides des stehenden Mädchens und der Thiere sind diagonale Schraffirungen, der Berg in der Ferne links ist mit Kreuzschraffirung ausgeführt.

130. (3) Das Mädchen auf dem Maulesel. — Am Felsen links zieht sich zu den Bergen im Hintergrunde der Fluss, in welchem sich zwei Ochsen und ein Schaf befinden. Am Ufer steht ein zweites Schaf. Rechts am Ufer sitzt auf einem Maulesel

das Mädchen, nach rechts gewendet, und unterhält sich mit dem Hirten, der, in Vorderansicht gesehen, auf einem Esel reitet und von einem springenden Hunde begleitet wird. Zwischen beiden Eseln geht ein Schaf, hinter demselben ein anderes und ein Ochs. Links: C. Berghem delineavit. Rechts: J. Vifscher fecit. Nr. 3.
I. Unvollendet.
II. Ueberarbeitet: Die Schattenpartien, vorzüglich am Halse des Maulthieres, am rückwärtsstehenden Ochsen und reitenden Hirten haben eine dreifache Strichlage.

131. (4) Der Brunnen bei der Säule. — Links im Hintergrunde sieht man Ruinen und eine canellirte Säule, an deren Fuss ein Brunnen zugleich zur Viehtränke dient. Ein Mann trinkt aus dem Hute; ein Mann zu Pferde, drei Ochsen (zwei trinkend), zwei Schafe und ein Hund bilden eine Gruppe um den Brunnen. In der Mitte des Blattes im Hintergrunde geht ein Hirt mit Schafen nach vorn. Im Vordergrunde links liegt ein Schaf, daneben, fast im Profil, eine Kuh. Rechts sitzt am Hügel unter zwei Bäumen der Hirt mit Pelzjacke und breitem Hute, nach Links gewendet, und hält mit der Linken die Schalmei; zu seinen Füssen liegt der Hund. Hinter ihm sieht man eine muhende Kuh im Profil nach Links; hinter dem Hügel sind theilweise zwei Schafe zu sehen.
I. Die Ruine und die Personen dabei sehr schwach, die Wolken erscheinen nur in Umrissen; das Gewand und der Hut des Hirten und die Kuh hinter demselben ohne Kreuzschraffirung. Sehr selten.
II. Die Ruine, der Brunnen und die Personen dabei sind ganz überarbeitet, aber die Arbeit ist hart. Die Wolken sind dunkel, in den Schattenpartien des Vordergrundes, der Kuh und des Hirten eine dreifache Strichlage. Die obere Linie des Stichrandes, welche im I. Abdrucke eine Lücke hat, ist fertig gezogen.

132. 133. 2 Blatt Landschaften mit Figuren.
Nach N. Berghem.
B. 12''' 4''', H. 9'' 6—7'''.

132. (1) Der wohlthätige Bauer. — In einer Landschaft, die sich rechts zu einem mässigen Hügel erhebt, steht in der Mitte des Blattes, im Vordergrund, ein Weib, die Rechte auf den Leib gelegt, im Profil nach Links, und betrachtet den auf einem Pferde sitzenden und vom Rücken sichtbaren Bauer, wie er mit der Rechten einem armen Knaben Almosen in den Hut herabwirft. Zwei Hunde begleiten den Reiter, einer von ihnen

springt und bellt den Knaben an. Hinter der Bäuerin sitzen zwei Hirten, der eine vom Rücken gesehen und mit Pelz bekleidet. Am Hügel rechts zwei liegende Schafe und vier Kühe, deren eine links den Hügel vom Hintergrunde aus heraufkommt, die andere nach rückwärts hinabsteigt, die dritte von einem Mädchen gemelkt wird und die vierte, im Profil nach Rechts gewendet, brummt. Links Aussicht in die Ebene, die von einem Berge begränzt wird. In der Tiefe ein Hirt, weiter am Gebirge ein Dorf.

I. Vor aller Schrift. Sehr selten und kräftig. (In der Albertina ein solcher.)

II. Mit vier lateinischen Versen: Rusticus exiguo — variabilis Aulæ. Darunter links: Joannes de Vifscher fecit. Mitte: Nicolaus P. Berchem pinxit. Rechts: F. de Widt excudit.

III. Mit der Adresse: Nicolaus Viffcher excudit.

IV. Links: P. Schenk Junior Exc. Rechts Nr. 56 (Verlagsnummer).

Es giebt eine Copie von der Gegenseite, die täuschen kann. Dem Machwerk nach ist sie vom Copisten des kleinen Balles in der Scheune (Nr. 57).

133. (2) Die Ziegenmelkerin. — In einer ziemlich flachen Landschaft, deren Hintergrund, besonders links, von mässig hohen Bergen begränzt wird, steht im rechten Vordergrunde bei Gestrüpp und Gesträuch ein knorriger Baumstumpf, nach Rechts geneigt. In der Mitte des Vordergrundes kniet, im Profil nach Links gewendet, den Rock mit einem Pelz überhangen, ein junges Mädchen und melkt die Ziege, die vor ihr, ebenfalls vom Profil gesehen, steht. Hinter dieser, in gleicher Richtung, ist ein Esel zu sehen, wie er ruhig auf ein Schaf schaut, das links, nahe dem Rande, liegt. Ausserdem ist noch ein Hund zu sehen, wie er vor dem genannten Baumstumpf ruht.

I. Vor aller Schrift. Sehr schön und selten.

II. Mit vier lateinischen Versen: Afpice ut obsequio --- negabis. Darunter links: Joannes de Vifscher fecit. Mitte: Nicolaus P. Berchem pinxit. Rechts: Frederik de Widt excudit.

III. Rechts: Nicolaus Visscher excudit.

IV. Links unten: P. Schenk Junior Exc. Rechts Nr. 57.

Es giebt eine Copie von der Gegenseite.

134. Die junge Schafmelkerin.
Nach N. Berghem.
B. 12" 9''', H. 9" 10'''.
de Winter 67.

Links, auf einer felsigen Erhöhung, erblickt man einen von Stroh und Holzstöcken gemachten Gartenzaun, an dem sich ein kahler Baumstamm befindet; hinter diesem laubreiche Bäume. Vor dem Gartenzaune sitzt ein junger Mann mit aufgestülptem Hute, das Gesicht ein wenig gegen Links gewendet, und bläst den Dudelsack; zu seinen Füssen rechts liegt ein Hund und hinter ihm und dem Zaune steht ein Ochs im Profil nach Rechts. Unter ihm, ganz im Vordergrunde, kniet das Mädchen, gegen Rechts gewendet, und melkt das Schaf, das vor ihr in gleicher Richtung steht. Vor diesem liegt ein junges Schäflein zusammengekauert. Weiter, gegen Rechts, liegt ein Ochs, den Kopf in Vorderansicht, noch weiter zwei Schafe. Im Vordergrunde vor diesen ein abgesägter Baumstamm, hinter ihnen zwei alte Weidenbäume, zwischen welchen ein Schaf zu sehen ist. Hinter dem rechten Baume ist ein Esel vom Rücken sichtbar. Die Fernsicht zeigt über Gebüschen kahle Berge.

Ein Hauptblatt und sehr schön ausgeführt.

I. Vor aller Schrift. Sehr selten und glänzend.
II. Links: **Berghem Invent.** Darunter: **J. Vifscher fecit.** Rechts: **Frederick de Widt excudit.**
III. Mit der Adresse des G. **Valk** (Rigal).

135. Der sich an den Stab lehnende Hirt.
Nach N. Berghem.
B. 12" 6''', H. 6" 3'''.*
de Winter 66.

Man sieht in freier Aussicht links einen bergigen Hintergrund; von dort kommt der Bach, der sich im Vordergrunde von Rechts nach Links wendet, und dessen Ufer, rechts des Blattes, steinig und von Bäumen beschattet ist. Am linken Ufer steht der Hirt und lehnt sich an seinen Stock. Zu seinen Füssen steht der Hund, hinter ihm ein Ochs und ein Bock von der Seite gesehen; ein anderer Ochs in Vorderansicht befindet sich am Ufer, und im Wasser ein trinkender Ochs und ein Bock. Beim jenseitigen Ufer erblickt man noch einen Ochsen und zwei Ziegen.

I. Vor aller Schrift.
II. Links: **Berghem delin.** **J. Vifscher fecit.** Rechts: **Frederic de Widt excudit.**

136—141. 6 Blatt Pastoralen.
Nach N. Berghem.
B. 12" 6''', H. 8" 10'''.
Folge von 6 Blättern. de Winter 80—85.
I. Vor aller Schrift; sehr selten.
II. Links: N. P. Berchem Pinxit. Mitte: F. de Widt Excudit. Rechts: J. Vilser fecit. Ebenda die Nr. 1.
III. Mit der Adresse: P. Schenk Excudit.
IV. Alle Adresse zugedeckt.

136. (1) **Das reitende Mädchen vor der Ruine.** — Rechts öffnet sich die Aussicht auf einen See, an dessen Ufer ein Häuschen und ein runder Thurm zu sehen ist. Links führt ein Thor in ein verfallenes Gebäude, vor demselben spricht ein Mann, in den Mantel gehüllt, mit dem auf einem Pferde sitzenden Mädchen, das in der linken Hand einen Becher hält und dem Manne die Flasche reicht. Im Mittelgrunde hält ein Knabe den Esel, dessen hinteren rechten Fuss der Schmied beschlägt. Noch entfernter spricht ein Mann im Mantel, einen langen Stock haltend, mit einem anderen, der auf einem pissenden Esel reitet. In der Ferne sind Fischer, noch weiter zwei Figuren. Drei Schafe, eine Kuh und eine Ziege gruppiren sich im Vordergrunde links.

137. (2) **Der Hirt, welcher den Weg zeigt.** — Rechts im Hintergrunde ist ein See, dem von der linken Seite ein Bach zufliesst. Auch sieht man im Mittelgrunde eine Ruine, die mit Gebüsch bewachsen ist. Im Vordergrunde gehen zwischen zwei Hunden zwei Mädchen mit Bündeln über die Steine des Baches und scheinen den Hirten um den Weg zu fragen. Dieser, auf einem Pferde sitzend, geht mit zwei Ochsen über den Bach gegen den Hintergrund und zeigt den Mädchen mit der linken Hand den Weg. Bei der Ruine sieht man einen Mann vom Rücken. Ohne Bezeichnung. Rechts unten: 2.
Die Originalzeichnung bei Verstolk Nr. 290.

138. (3) **Der Hirt mit dem Jungen treibt die Heerde vor sich.** — Links ist die Aussicht auf den See; rechts steht auf einer felsigen Anhöhe, zu welcher der Weg über eine Brücke führt, ein viereckiger Thurm. Auf der Brücke geht ein Mann mit Schafen, ein zweiter ist bereits auf der Höhe des Weges. Die Hauptgruppe im Vordergrunde besteht aus einem nach vorn gehenden Mädchen, welches mit dem Hirten spricht, der, auf einem Esel sitzend, zwei Ochsen, eine Ziege und zwei Schafe

vor sich treibt. Ihn begleitet der Junge zu Fuss, mit einem Stocke in der Hand, während das Mädchen einen bellenden Hund zum Begleiter hat. Rechts unten: 3.

139. (4). Die Bäuerin mit dem Holzbündel. — Die Bäuerin, die den Holzbündel trägt, ist links im Vordergrunde und scheint mit dem Manne zu sprechen, der auf einem Pferde sitzt, einen Stock in der Hand hält und vom Rücken gesehen wird. Drei Ochsen stehen weiter im Mittelgrunde; ein Knabe mit einem Bündel und Stock und zwei laufende Hunde bilden den nächsten Vordergrund. In der Ferne sieht man links einen See und rechts auf einem Felsen einen runden Thurm mit Gebäuden, zu welchen eine steinerne Brücke von drei Bogen über einen Fluss führt, durch welchen ein auf dem Esel sitzender Mann vier Ochsen treibt. Rechts unten: 4.

140. (5) Das Mädchen den Bach überschreitend. — Man sieht eine kahle gebirgige Landschaft, rechts gegen den Hintergrund Felsen, vor welchen drei Männer mit zwei Paar Ochsen ein Feld ackern. Im Vordergrunde ist ein Bach, den auf Steinen ein Mädchen ängstlich überschreitet. Hinter derselben kommt ein Ochs, zwei Ziegen, ein Hund, und ein Mann, auf dem Esel sitzend, mit dem Stocke in der Hand und noch weiter ein Mädchen mit Wäsche im Korbe, den sie auf dem Kopfe trägt. Rechts im Wasser ist ein Stier, ein Ochse und eine Ziege. Rechts unten: 5.

141. (6) Der alte Hirt auf den Stock gelehnt, links bei der Ruine. — Die Ruinen, die, mit Gebüsch bedeckt, links den Mittelgrund ausfüllen, lassen rechts Aussicht auf eine gebirgige Landschaft. Links am Gemäuer steht der alte Hirt, an seinen Stock sich anlehnend. Bei ihm liegt eine Kuh; eine andere und ein Ochs sind rechts im Wasser. Vor dem Hirten trinkt der Hund. Rechts unten: 6.

Von allen sechs Blättern dieser Folge giebt es Copien von der Gegenseite in gleicher Grösse.

142 a. Der Erdglobus oder die vier Elemente. — In den vier Ecken des Globus sind die vier Elemente: oben links Feuer, rechts Luft, unten links Wasser, rechts Erde (unter mythologischen Darstellungen). Oben steht: Orbis Terrarum nova et accuratissima tabula. Auctore Nicolao Visscher. Unten: N. B. Berchem inventor. J. de Visscher sculpsit.
B. 21″, H. 17″ 6‴.

142b—145. **4 Blätter. Folge von vier Landschaften.**
Nach N. Berghem.
B. 13" 3''', H. 9" 6'''.
de Winter 86—89.

I. Links: C. Berghem Delineavit. Mitte: J. Vifscher f. Rechts: Clement de Jonghe Excudit 1670. Sehr selten.
II. Rechts: Nicolaus Visfcher excudit. (Das Papier ist schlechter.)
III. Unter dem Namen Berghem: P. Schenk junior excudit. Nr. 53.

142b. (1) **Die Fischer.** — Ein Fluss zieht sich von Rechts in die Mitte des Hintergrundes. Jenseits desselben steht auf Felsen zwischen Bäumen ein Landhaus und hinter demselben sieht man hohe Felsen. Rechts im Vordergrunde ziehen zwei Fischer das Netz aus dem Wasser. Links ist die Strasse, die sich um einen Baum, der links beim Felsen steht, wendet. Beim Baume sitzt ein Mann und trinkt aus dem Kruge, sein Esel sieht ihn an. Auf der Strasse steht ein vornehm gekleideter Herr und unterhält sich mit zwei Mädchen, deren eines, vom Rücken gesehen, auf dem Pferde, das andere am Boden sitzt. Beim Pferde steht ein Hund. Rechts unten: 1.

143. (2) **Das reitende Mädchen, vom Hunde begleitet.** — Ein Fluss zieht sich von Rechts zum Mittelgrund nach Links, wendet sich dann wieder nach Rechts und bildet so eine Halbinsel, die mit Bäumen bewachsen ist; über diese zieht sich rechts ein Weg, auf dessen Höhe ein Mann mit einem Stocke zu sehen ist. Am jenseitigen Ufer links ist ein Ort mit drei Thürmen, wovon zwei rund sind; hinter demselben hohe Berge. Die Reiterin sitzt auf einem Maulesel, erhebt die Rechte in die Höhe und reitet zum Vordergrund; ein Hund begleitet sie. Neben ihr, gegen rechts, zäumt ein Mann seinen Esel, der im Korbe zwei Lämmer trägt; hinter ihm steht ein Mann mit einem Mantel und langem Stab. Zwei Schafe stehen neben dem Esel. Rechts ist ein Hirt im Begriffe, mit seiner Heerde über den Fluss zu setzen; er sitzt auf einem Ochsen, wird von einem Hunde begleitet und ist mit einem Manne im Gespräche. Rechts unten: 2. Sonst ohne Bezeichnung. Die II. und III. Abdr. sind also nur am schlechteren Papier erkennbar; auch ist der Druck bedeutend schwächer.

Die Copie von Elias Beck ist gegenseitig; links steht: Jer. Wolff exc. Aug. Vin.

144. (3) Der sitzende halbnackte Mann beim Flusse. — Links erblickt man in der Ferne Berge; jenseits des Flusses, der sich von Rechts nach Links zieht und in der Mitte des Blattes für den Zuschauer verschwindet, ist eine hügelige und mit Bäumen bewachsene Gegend. Im Vordergrunde sitzt, auf die linke Hand gestützt, vom Rücken gesehen, ein halbnackter Mann, neben dem ein Stock und eine Sackpfeife liegt, und unterhält sich mit dem Hirten, der auf seinen Stock gestützt, vor ihm steht. Hinter dem Hirten nähert sich eine Kuh dem Flusse. Links am Rande liegt eine zweite und hinter ihr eine Ziege; drei Schafe sind am Ufer zu sehen. Vom jenseitigen Ufer treibt ein Hirt, vom Hunde begleitet, zwei Kühe und vier Schafe in den Fluss. Rechts unten: 3.

Dieselbe Composition hat von der Gegenseite im kleineren Massstabe Madelaine le Mervier gestochen: A Paris chez N. Langlois.

145. (4) Die Wäscherinnen. — In einer Landschaft, die links im Hintergrunde von Bergen begrenzt wird, sieht man im rechten Mittelgrund Ruinen eines antiken Tempels, die von Bäumen und Gebüsch überwuchert sind. Auf derselben Seite ist im Vordergrunde das Wasser, an dessen Ufer ein Mädchen neben dem Waschkorbe kniet und wäscht, dabei sich aber nach Rechts wendet, wo ein zweites Mädchen mit dem Waschkorb steht, und vom Hunde begleitet, so eben gekommen zu sein scheint. Beide unterhalten sich mit dem Hirten, der links auf dem Boden auf die linke Hand gestützt liegt. Hinter dieser Gruppe stehen zwei Ochsen, von denen der eine seinen Kopf auf den Rücken des anderen legt. Am anderen Ufer, bei den Ruinen, steht ein Mann zwischen zwei Ochsen, deren einer trinkt. Rechts unten: 4. Sonst wie die vorhergehenden Nummern.

146—149. 4 Blätter. Die vier Tageszeiten.
Nach N. Berghem.
B. 13" 10"', H. 12" 2"'.
Folge von 4 Blättern. de Winter 72—75.

I. Vor aller Schrift. Sehr selten.
II. Links: Berghem inventor; darunter: J. Vifcher fecit. Rechts: Justus Danckerts excudit. In der Mitte mit Uncialbuchstaben die lat. Namen der Tageszeiten.

146. (1) Aurora. — Links nimmt die Hälfte des Blattes ein mit Bäumen bewachsener Felsen ein, dessen Höhle zu einer Schmiede benutzt wird, die oberhalb des Felsens mit einem Dache gedeckt ist; rechts sieht man in die Ferne. Vor der Schmiede,

wo ein Knabe spielt, wird ein schreiender Esel beschlagen; dabei steht ein Weib mit einem Kinde, ein Knabe trägt einen Korb und ein Hund springt daher; am Felsen ist ein stehender und ein liegender Ochs. Rechts sattelt ein Mann den Esel, bei ihm steht ein Hund und hinter ihm ein Ochs. Im Vordergrunde liegen vier Schafe und ein Esel, rechts noch ein Schaf, und gegen den Hintergrund schreiten noch zwei andere.

147. (2) Meridies. — Der Vordergrund links erhebt sich zu einem felsigen, mit Bäumen bewachsenen Hügel, auf welchem zwei Bauern sitzen, deren einer, links, in den leeren Krug schaut; hinter ihnen steht ein dritter Bauer und sieht ihnen zu; hinter diesem steht im Profil nach rechts ein schreiender Ochs und vor diesem ein Schaf, zum Hintergrund gewendet. Vor der Bauerngruppe sitzt die Bäuerin, das Kind säugend; neben ihr schläft ein Knabe auf einem Sacke und ein Hund geht gegen rechts. Die Mitte des Vordergrundes nehmen drei Ochsen ein, zwei liegend, einer, rechts, stehend, fast vom Rücken gesehen; der vordere liegende hat den Zaum am Kopfe; rechts und links dieser Thiergruppe ist je ein Schaf zu sehen; rechts im Eck des Vordergrundes ist ein Pflug, hinter diesem ein Korb. In der Ferne, die von Bergen begrenzt wird, sieht man rechts den in den Mantel gehüllten stehenden Hirten mit einem sitzenden Manne sprechen; dabei zwei Schafe. Noch entfernter ackern zwei Männer mit einem Zug Ochsen im Profil nach rechts.

Abdrücke wie bei der vorhergehenden Nummer. Hinter: Berghem steht: invent. In der Mitte steht: Meridies.

148. (3) Vesper. — Links erhebt sich ein hoher Felsen, der eine Höhle bildet; vor derselben sitzt ein Mann mit langem Stocke und breitkrempigem Hute auf einem in Voderansicht stehenden Esel, nach rechts und spricht mit der jungen Hirtin, welche, unter dem rechten Arme ein Schaf, mit der linken Hand einen Stock haltend, bei ihm steht. Zwischen ihr und dem Hirten sieht man den Hund, vor dem berittenen Esel einen zweiten Esel, fast Profil nach rechts und aus der Höhle treibt ein junger Hirt, nur theilweise sichtbar, einen Ochsen, ein Schaf und eine Ziege heraus. Die Mitte und den rechten Theil des Vordergrundes füllt seichtes Wasser aus, in welchem zwei Ochsen und zwei Ziegen stehn. Am Ufer, nahe der Hirtin, schreit ein Schaf. Der Mittelgrund zeigt bewachsene Felsen, hinter welchen Gebirge zu sehen. Ein Weib auf einem Esel reitend, ein Mann mit einem Holzbündel, ein Hirt mit mehreren Thieren ziehen auf der Abdachung des Mittelgrundes nach links. In der Mitte: Vesper.

149. (4). Nox. — Die Hälfte des Mittelgrundes nimmt rechts ein hoher, bewaldeter Felsen ein. Im Hintergrunde links sieht man hohe Felsen und unterhalb derselben eine Stadt; von dort kommt der Fluss zum Vordergrunde; sein Ufer links ist mit Bäumen besetzt, während er rechts den Felsen bespült. Auf einem Kahne, der die Ueberfahrt bewerkstelligt, sieht man einen Mann. Auf ihn scheinen zu warten im Vordergrund rechts ein Weib auf dem Pferde und ein Mann auf dem Esel sitzend; weiter zurück lehnt sich ein Mann, vom Rücken gesehn, auf den brüllenden Ochsen an; sechs Schafe stehen zerstreut und ein Ochs, vom Rücken gesehn, steht links im Wasser, in welchem sich der Mond spiegelt. In der Mitte steht: Nox.

de Winter sagt, dieses Blatt wäre selten in schönem Drucke zu finden.

150—153. **4 Blätter. Landschaften mit Staffage.**

Nach N. Berghem.

B. 14" 6"', H. 11" 2"'.

Folge von 4 Blättern. de Winter 76—79.

I. Vor den Künstlernamen am Brunnen und vor der Nummer. Sehr selten und schön. (In der k. k. Bibliothek.)

II. Mit dem Namen und in der Mitte: **Gedruckt t'Amsterdam by Frederik de Widt, noor aen inde Calverftraat by den Dam, Jn de Witte Pas-Caert.** Rechts unten Nr. 1.

III. Mit: P. Schenk exc. Das Papier ist schlecht.

IV. Die Adresse zugelegt.

150. (1). **Das Titelblatt. Der Brunnen.** — Bei einer mit Gestrüpp bewachsenen Mauer steht ein Brunnen, aus einem grossen vierkantigen Steine ausgehauen; ein Löwenhaupt verziert die Wasseröffnung. Links des Blattes sitzt ein Mann auf einem Maulesel und ein Hund will auf ihn springen. Rechts steht, nach Links gewendet, zwischen drei Schafen die Bäuerin und hält mit der linken Hand den Waschkorb. Hinter derselben sieht man zwei Ochsen. Auf dem Steine des Brunnens liest man: Diversa Animalia Quadrupedia. Am Stein des Wassertroges, links des Hundes steht: Berghem Inv. und rechts: J. Viffcher fecit.

151. (2). **Ein Weib, welches die Wäsche trocknet.** — Den Hintergrund links bildet ein hohes, mit Gestrüpp bewachsenes Gemäuer, bei welchem ein Schaf liegt. Vor diesem steht das Weib und breitet Wäsche, die sie wahrscheinlich so eben rein gemacht, auf einem Steine aus, der am Ufer eines

Flusses steht, welcher rechts aus dem bergigen Hintergrund
nach vorne sich bewegt, im Mittelgrund einen kleinen Wasserfall bildet und im Vordergrund nach links sich wendet. Auf dem
Steine steht ein Junge und sieht der Wäscherin zu. Im Wasser
stehen zwei Ochsen, der vordere nach links, der andere nach
rechts gewendet, ferner zwei Schafe und ein Widder. Links
trinkt ein Hund am Ufer. Auf dem Eckpfeiler links oben im
Schatten steht: Berghem f. darunter: Johan de Viffcher
aqua for. Rechts unten: 2.

152. (3). Der Hirt treibt die Heerde vor sich
her. — Der mit Gesträuch bedeckte Felsen rechts gestattet links
eine Aussicht in die Ferne, wo im Mittelgrund eine Burg auf
felsiger Höhe steht. Den Vordergrund nimmt die Heerde ein;
sie besteht aus fünf Schafen und zwei beladenen Eseln; der eine,
mit dem Maulkorb, trägt Säcke, der andere in einem Korbe zwei
junge Schäflein. Sie wird nach rechts zum Vordergrund von
dem Hirten getrieben, der mit aufgehobenem Stocke ihr folgt
und einen Pack am Rücken trägt. Ein Hund springt der Heerde
voran. Ohne Namen. Rechts unten: 3.

153. (4). Der Schmied beschlägt den Esel. — Die
Landschaft, rechts vertieft, zieht sich links in die Höhe, wo sie
von felsigen Hügeln begrenzt wird. Hier stehen zwei Bäume,
deren Kronen ausser der Platte zu denken sind. Im Vordergrunde kniet der Schmied mit dem rechten Fusse und beschlägt
den linken Vorderfuss eines mit Säcken beladenen Esels, hinter
welchem ein Mann, mit dem langen Stocke in der Hand, dem
Schmiede zusieht. Rechts steht ein junger Esel im Profil nach
rechts gerichtet. Hinter dem Schmied steht ein Maulesel, mit
Körben und Säcken stark beladen; ganz vorne, links, liegt ein
Hund. Ein Mann, vom Rücken gesehn, treibt rechts einen beladenen Esel zum Hintergrund. Rechts Nummer: 4.

Diese Folge wurde in England von der Gegenseite copirt.
Auf a. steht unten in der Mitte: London sold at the golden
Head in Chartois Street near St. Martins lane. R. Major exc.

Auf b: Links oben in der Luft: Berghem delin.

Auf c: Dasselbe rechts oben.

Auf d: Dasselbe links oben.

154. Die Schmiede.
Nach C. Du Jardin.

Ein Felsen nimmt den ganzen Hintergrund ein und zieht
sich, von Gestrüpp bewachsen, rechts in die Ferne. Links ist
im Felsen eine Höhle, die als Schmiede benutzt wird. Eine

Thür führt in dieselbe; an ihr ist ein Hufeisen angebracht. Im Innern sieht man hämmernde Gesellen. Vor der Thüre steht, am Pfosten angebunden, ein Esel, im Profil nach Links, und wird vom Schmied, der vom Rücken zu sehen ist, beschlagen. Hinter dem Esel steht der Hirt, nach Rechts gewendet, einen Stock haltend, und sieht dem Schmiede zu. Unten steht: Carel Gardin (Du Jardin) delin. Joannes Visſcher fecit. Frederik de Widt exc.

H. 7″, B. 5″ 2‴.*

I. Es giebt spätere Abdrücke von der oben und unten abgeschnittenen Platte.

H. 5″ 6‴, B. 5″ 2‴.

155. Die zwei Kühe in flacher Gegend.

Nach C. Du Jardin.

In flacher Gegend steht im Vordergrund eine fleckige Kuh im Profil nach Links. Hinter ihr, rechts, zum Hintergrund gewendet, fast vom Rücken gesehen, steht die andere Kuh.

Ohne Bezeichnung, aber Seitenstück zum vorigen Blatte Nr. 154.

H. 7″, B. 5″ 2‴.*

156. Der Mann mit der Pelzmütze.

Nach W. Romeyn.

Zwei Ochsen, deren einer liegt, der andere steht, zwei Schafe und eine Ziege bilden den Vordergrund. Der Mittelgrund wird von einem Flusse durchschnitten, der von Links kommt und sich rechts zwischen Bergen in der Ferne verliert. Am Ufer des Flusses sitzt, vom Rücken gesehen, der alte Hirt mit der Pelzmütze. Am jenseitigen Ufer ist auf felsiger Anhöhe ein Schloss sichtbar. Links steht oben in der Luft: W. Romeyn Inventor. Rechts: J. Visſcher fecit. Die Adresse im Unterrande lautet: Gedruckt t'Amsterdam by Justus Danckerts, voor aen in de Calverſtraat In D'Anckers.

B. 11″ 5‴, H. 8″ 8‴.

Sehr schön ausgeführt. Dieses, so wie das folgende, gehören offenbar zusammen. Was man sonst als Nr. 3 und 4 dazu legte, gehört dem Romeyn nicht an, sowohl was Composition als Ausführung anbelangt. Siehe im Anhang Nr. 3 und 4.

157. Ochsen, Ziegen und Schafe.
Nach W. Romeyn.

In der Mitte des Blattes steht, ein wenig nach Rechts gewendet, ein Ochs. Hinter ihm liegt nach Links ein zweiter; zwei Ziegen und drei Schafe, darunter ein liegendes, bilden die weitere Heerde. Rechts ist auf einer mässigen Anhöhe ein auf dem Esel sitzendes, von einem Hunde begleitetes Weib zu sehen. Ohne alle Schrift. Rechts unten: 2.

B. 11″ 7‴, H. 8″ 9‴.

Seitenstück zum vorigen Blatt. Siehe dort die Anmerkung.

Anhang.
Zweifelhafte oder mit Unrecht J. Visscher zugeschriebene Blätter.

1.* Vision des h. Petrus.

Der Heilige sitzt rechts auf einem Hügel bei einer ruinösen Mauer, auf der sein linker Arm aufliegt; der Kopf ist ein wenig zurückgebogen, er schläft. In der Luft tragen drei schwebende Engel ein Tuch, in welchem sich allerlei Thiere befinden, die nach dem alten Gesetze als unrein galten. Links in der Landschaft ein Fluss. Im Unterrande: „Petrus in mentis — Actorum 11, 5. 6." Links: Johannes Lis pinxit. Rechts: Nicol. Visſcher excud. In der Mitte: Cum Privilegio Ordinum Hollandiae et Weſtfriſiae.

I. Vor aller Schrift.
II. Wie oben beschrieben.

Dieses, so wie der Pendent, werden oft in Auctions-Catalogen als J. Viſscher's Werke, manchmal als J. Valck angeführt; sie gehören weder dem einen noch dem anderen an, sondern sind von Jacob Matham.

2.* Vision des h. Paulus.

Der h. Apostel sitzt in einem Lehnstuhle links, im Profil nach Rechts, mit ausgebreiteten Händen, horchend auf die himmlische Musik, die rechts oben in Wolken von mehreren Engeln ausgeführt wird, während links ein Engel den Vorhang wegschiebt. Im Vordergrunde am Boden liegen offene Bücher. Im Unterrande steht: „Paulus raptus — 2 Corint. 12, 2."

Sonstige Schrift und Abdrucksgattungen, sowie Anmerkung siehe bei der vorigen Nummer.

3.* Die Näherin.

Von diesem Blatte, so wie vom folgenden, haben wir bereits Erwähnung gethan bei Nr. 156. Es wurde als Nr. 3 zu der Folge nach Romeyn gegeben, woher wohl die Numerirung rührt. de Winter beschreibt es unter Nr. 186; er nennt den Jan Visscher als den Stecher. Natürlich soll Berghem der Zeichner sein. Möglich, dass unser Künstler einen Antheil am Blatte hat, aber es meldet sich mehr zum Cornelis, dem es auch Wussin vindicirt. Ohnedem zweifelt selbst de Winter in der Anmerkung an der Autorschaft des Jan. Derselbe weiss auch von einem ersten Zustande, wo die Platte um H. 1″ 9‴ und B. 2$^1/_8$″ grösser ist; doch sind solche Abdrücke sehr selten zu finden.

B. 11″ 10‴, H. 8″ 6‴.

4.* Die Schweinehüterin.

Sie sitzt links bei den Planken, gegen Rechts gewendet und scheint zu schlafen. Drei Schweine und zwei Ziegen bilden die Heerde. Die Arbeit ist sehr trocken. Rechts unten: Nr. 4.

B. 11″ 7‴, H. 8″ 9‴.

Dieses Blatt ist, wie das vorhergehende, von Wussin unter die Werke des Cornelis Visscher eingereiht.

5.* Die Ochsen im Wasser.

In einer Rundung ist Wasser im Vordergrunde der Landschaft; da steht in der Mitte ein Ochs, fast in Vorderansicht; Wasser tropft ihm aus dem Munde; hinter ihm steht ein zweiter, im Profil nach rechts, wo ein Esel, etwas gegen Links gewendet, steht. Links ist ein Schaf. fol. Links: Berghem pinxit. Rechts: J. Vifscher fecit.

Es giebt erste Abdrücke vor der Luft und den Namen.

6—10. 5 Blätter.
Nach Paul Potter.
H. 3″ 8—9‴, B. 5″ 2‴.

Nach Bartsch hat Johan de Visscher fünf Blätter nach Potter radirt, die zu einer Folge von acht Blättern gehören, welche manchmal als Originale Potters galten, wozu die Inschrift des ersten Blattes Anlass gegeben haben mochte. Aus dieser Folge sind die Nr. 2, 4, 5 von unbekannter Hand. Die anderen fünf, welche im Machwerk bedeutend von diesen abweichen, tragen auch nicht den Charakter J. Vifscher's.

Es sind folgende:

6.* **Der gefleckte Ochse.** — Im Profil nach Rechts.

7.* **Die liegende Kuh.** — Nach Rechts gewendet, der Kopf vorwärts schauend; links ein Zaun sichtbar.

8.* **Die stehende Kuh.** — Im Profil nach rechts, bei hochgewachsenen Kräutern.

9.* **Ein liegender Ochs.** — Nach Links gewendet; am Rande rechts ist ein Baum sichtbar.

10.* **Der stehende Ochs.** — Im Profil nach Links, wo hohe Kräuter und ein Baumstamm zu sehen sind.

11—16. Folge von sechs Blättern.
Nach Du Jardin.
H. 7"—7" 2''', B. 5" 4—6'''.*)

11.* **Die vier Schweine.** — Hügelige Landschaft; rechts und links ein Stall theilweise zu sehen. Im Vordergrunde liegen vier Schweine. Ohne Bezeichnung und Nummer. Es ist ähnlich dem Originalblatte du Jardin's B. 8.
H. 7", B. 5" 4'''.*

12.* **Die Spinnerin vom Rücken gesehn.** — Rechts am Rande reisst ein Ziegenbock die Blätter vom Baume herab; vor ihm liegen drei Schafe. Im Hintergrunde links ist die mit einem Zaune umgebene Hütte. Vor dem Zaune sitzt, vom Rücken gesehen, das spinnende Weib; neben ihr links ein Korb und sitzender Hund. Hinter der Hütte Bäume. Unten rechts im Winkel: Nr. 2.
H. 7" 2''', B. 5" 6'''.*

13.* **Der beladene Esel.** — Flacher Vordergrund, links ein Baum, in der Ferne ein Berg. Vorn steht im Profil nach Rechts der beladene Esel. Rechts sitzt, vom Rücken gesehn, der Hirt und liegen zwei andere Esel. In der Mitte: Nr. 3.
H. 7" 2''', B. 5" 6'''.

14.* **Der Knabe beim Baumstrunk.** — Im Mittelgrund Bäume; rechts am Rande ein Baumstrunk, bei welchem ein Knabe, mit dem Kruge in der Linken, steht. Im Vorder-

---

*) In der k. k. Hofbibliothek stehen diese Blätter beim Werke des Jan Visscher und sind von Bartsch im Index handschriftlich als von diesem Meister herrührend bezeichnet. Die Arbeit ist hart. Wenn sie auf Originalität Anspruch machen, müssen sie frühe Arbeit sein.

grund steht eine Kuh in Seitenansicht nach Links; hinter ihr ist eine liegende, theilweise und näher dem Knaben eine dritte, liegend, in Vorderansicht sichtbar. Unten im Schatten: Nr. 4.
H. 7" 2''', B. 5" 6'''.

15.* **Die zwei beladenen Maulesel.** — Flache Landschaft; vorn ein beladener Maulesel, ein wenig nach Rechts gewendet. Hinter ihm links ist der zweite Maulesel, gleichfalls beladen, in Vorderansicht. In der Mitte unten, gegen links: Nr. 5. Derselbe Gegenstand, wie im Original des du Jardin B. 2.
H. 7" 2''', B. 5" 6'''.

16.* **Der Knabe und der Bock.** — Im Hintergrunde niedrige Berge mit einzelnen Bäumen. Im Mittelgrund ein geflochtener Zaun, vor welchem ein Knabe mit einem Gefässe halb sitzend sichtbar ist. Sein Hut liegt neben ihm am Boden und vor ihm steht der Bock, im Profil nach Rechts, wo ein Schaf in Seitenansicht nach Links liegt. In der Mitte: Nr. 6.
H. 7" 2''', B. 5" 6'''.

17.* **Der grosse Felsen mit dem Wasserfall links.**
de Winter 183.

Eine grosse Felsenmasse zieht sich von Links bis über die Mitte des Blattes zum Hintergrund, wo hohe Berge zu sehen sind. Links sprudelt aus dem Felsen eine ergiebige Quelle und bildet einen Bach. Ein Hirt, vom Rücken gesehn, trinkt aus dem Hute. Rechts steht ein Ochs, fast in Vorderansicht. Zwischen ihm und dem Hirten sitzt ein Mädchen auf dem Esel und stützt den Kopf auf die linke Hand. Sie ist nach Rechts gewendet. In der Mitte des Blattes steht ein zweiter Ochs im Profil nach Rechts, vor ihm steht ein beladener pissender Esel, gegen Links gewendet, neben diesem ein Ziegenbock, der in entgegengesetzter Richtung steht. Rechts im Mittelgrund treibt der Hirt, auf einem Ochsen sitzend, mit dem quergehaltenen langen Stabe, von einem Hunde begleitet, drei andere Ochsen in die Ferne und ist darum die ganze Gruppe vom Rücken gesehn. Rechts unten: 3.

I. Die grössere Platte, wie oben beschrieben, ist:
B. 14" 7''', H. 10" 5'''.* selten.
II. Die verkleinerte Platte:
B. 10" 9''', H. 7" 9'''.*

Von dem Hirten und seiner Heerde rechts sieht man nur einen Ochsen und einen Theil des Stockes, den der Hirte trägt.

Wussin beschreibt dieses und das folgende Blatt unter Cornelis, obgleich Nagler und schon früher Winter unter oben angegebenen Nummer sie dem Jan zuschreiben. Sub judice lis est. Möglich, dass beide Künstler an den Blättern Antheil haben.

18.* **Die stehende Spinnerin.**
de Winter 184. Seitenstück zu Nr. 18.

Am Abhang eines Hügels, der sich rechts erhebt, und von dem hier eine steinerne Brücke in ruinösem Zustande über das Wasser gespannt ist, steht, vom Rücken gesehn, die Spinnerin, den Kopf ein wenig nach Links gewendet. Neben ihr sitzt rechts am Boden der Hirt, mit einer pelzverbrämten Mütze. Hinter beiden ist die muhende Kuh. Von Thieren bemerkt man noch: zu den Füssen der Spinnerin einen liegenden Widder, links ein Schaf vom Rücken und einen Ziegenbock in Vorderansicht, beide ebenfalls liegend und hinter beiden eine Ziege, zur Spinnerin schreitend. Links, im Vordergrunde, am Rande ein liegendes Schaf, bei demselben eine Ziege, im Profil nach Links, wie sie Blätter von einem Gestrüpp abreissen will. Im Hintergrunde derselben Seite liegen zwei Schafe, und neben diesen wird eine Kuh von einem Mädchen gemelkt. In der Ferne ist noch ein Hirt mit einem Stabe zu bemerken, wie er sein Vieh treibt. Rechts unten: 2.

I. Die urspüngliche Platte:
B. 15" 11''', H. 11''.
II. Die verkleinerte Platte:
B. 10" 8''', H. 7" 8'''.

Die Brücke fehlt in der Breite, und von der Höhe ist die Spitze der Gedenksäule auch weggekommen und auf dem Rumpfe derselben steht ein c.
Vergleiche Anmerkung beim vorhergehenden Blatte.

19.* **Schafe.** — Es existiren sechs Blätter mit Schafen, auf Einer Platte zusammen gedruckt. Links steht unten: Berghem delineavit. Rechts: J. Vifscher fecit.
Sie sind offenbar apokryph und haben mit Jan Vifscher nichts gemein; sind auch neuere Arbeit.

20.* **Louise de Coligny, vierte Gemahlin Wilhelms I. von Oranien.** — Brustbild, gegen Rechts, mit sechs Versen von G. Brandt.
Soll nach: Muller's Katalogus Nr. 104 von J. Vifscher gestochen sein.
Vergleiche auch: S. Lieutaud: Liste alphabétique de Portraits français gravés. Paris 1846.

Inhalt.

Die mit * bezeichneten Nummern sind aus dem Anhang.

Alckemade, Heinrich v., 1.
Alphonsus, Dr., 2.
Aurora, 146.
Ball, der kleine, nach Ostade. 57.
Ball, der grosse, nach Berghem, 71.
Bauer, der haspelnde, 50.
Bauer, der verliebte, 52.
Bauer, der wohlthätige, 132.
Bäuerin, die, mit dem Holzbündel, 139.
Bauernhochzeit, 58.
Biblische Darstellungen, 28 a—z.
Blasius Gerardus, 3.
Blum, Johannes Erasmus, 4.
— Derselbe, 5.
Brücke, die, über den Kanal, 70.
Brücke, die halbverfallene, 81.
Brunnen, der, bei der Säule, 131.
Brunnen, der, (Titelblatt) 150.
Brustbild, weibliches, ohne Kopfbedeckung, 25.
Brustbild, weibliches, mit Kopfbedeckung, 26.
Canallandschaften, Folge nach van Goyen, 59—70.
Catzius, Cornelius. 6.
Concert, 53.
Eidesleistung, dem Prinzen Wilhelm Heinrich von Nassau, 32.
Elemente, die vier, 79.
Erdglobus, der, od. die vier Elemente 142a.
Esel, der, beim Brunnen, 87.
Esel, der ausschlagende, 102.
Esel, der beladene, 13*.
Eseln, die zwei, bei der Krippe, 101.
Eselin, die pissende, beim Brunnen, 97.
Eseltreiber, der, mit dem langen Stocke, 104.
Eseltreiber, der, durch das Wasser gehend, 117.
Feldschmidt, der, 46.
Fischer, die, 142 b.

Furth, die, 99.
Gebäude am Sumpfe, 60.
Haspelnder Bauer, 50.
Häusergruppe am Canal, 65.
Heerde, die, auf der Canalinsel, 66.
Heerde, die, in der Landschaft mit dem Thurme, 80.
Heerde, die ruhende, 124.
Heimkehr der Hirten, 123.
Hirt, der flötende, am Ufer, 73.
Hirt, der, im Waldbache, 76.
Hirt, der, beim Wasser sitzend, 82.
Hirt, der mit langem Stabe, 89.
Hirt, der, mit langem Stocke beim Felsen, 83.
Hirt, der, beim steinernen Pfeiler, 92.
Hirt, der, mit Schafpelz im Flusse, 94.
Hirt, der, bei der Ruine, 96.
Hirt, der Ochsen-, beim Hügel, 109.
Hirt, der Ochsen-, auf dem Esel, 110.
Hirt, der, aus der Hutkrempe trinkende, 112.
Hirt, der lachende, bei den Planken, 119.
Hirt, der, liebkoset das Mädchen, 128.
Hirt, der, auf dem Stock sich lehnend, 135.
Hirt, der, auf den Stock sich stützend, bei der Ruine, 141.
Hirt, der, den Weg zeigend, 137.
Hirt, der reitende und der stehende, 98.
Hirt, der alte, und der liegende Junge, 111.
Hirt, der, mit dem Jungen, treibt die Heerde vor sich, 138.
Hirt, die Heerde vor sich hertreibend, 152.
Hirten, der, Heimkehr, 123.
Hirten, der, Mittagsmahl, 126.
Hirtenpaar, das ruhende, 125.
Hirtenjunge, der reitende, 107.
Hirtenjunge, der, auf der Mauer sitzend, 118.

Hirtin, die, mit dem Milchkübel, 90.
Hirtinnen, die, beim Brunnen, 88.
Hovius Jacob, 7.
Hütte, die, am Ufer des Canals, 62.
Hulst, Abraham van der, 8.
Junge, der trinkende, 93.
Junge, der, auf der Brücke, 75.
Junge, der, mit dem Baumstrunk, 95.
Kirche, die. am Canal, 61.
Kirmessfest, das, im Dorfe, 56.
Kloster, das, am Canal, 64.
Klosterkirche, die ärmliche, 63.
Knabe, der, auf der Brücke, 75.
Knabe, der trinkende, 93.
Knabe, der, bei dem Baumtrunk, 14*.
Knabe, der, und der Bock, 16*.
Kuh, die liegende, 7*.
Kuh, die stehende, 8*.
Kuhmelkerin, die, 114.
Kühe, die zwei, in flacher Gegend, 155.
Landungsplatz, der, 59.
Lantmannus Thaddäus, 9.
Louise de Coligny, 20*.
Mädchen, das, auf dem Maulesel reitend, 130.
Mädchen, das, bei dem Wasserfalle reitend, 108.
Mädchen, das, bei der Ruine reitend, 136.
Mädchen, das, den Bach überschreitend, 140.
Mädchen, das reitende, vom Hunde begleitet, 143.
Mädchen, mit dem Milchgeschirr, 103.
Mann, der, mit dem nackten Rücken. 72.
Mann, der halbnackte, beim Flusse sitzend, 144.
Mann, der, mit der Pelzmütze, 156.
Maulesel, zwei beladene, 15*.
Mauleseltreiber, der, 106.
Meridies, 147.
Mez, Zacharias de, 10.
Milchmädchen, das, im Bache, 100.
Milchmädchen, das, mit Geschirr, 103.
Mittagmal, das, der Hirten, 126.
Molo, der, 68.
Mohr, der, 27.
Moriz, des, von Nassau Unglück und Rettung, 29—31.
Musikgesellschaft, die, 53.
Mutter, die, mit dem Wickelkinde bei der Kuhmelkerin, 127.
Näherin, die, 3*.
Näherin, die, am Baume, 78.
Nox, 149.
Ochs, der gefleckte, 6*.
Ochs, der liegende, 9*.
Ochs, der stehende, 10*.

Ochsen, die zwei, und das Schaf, 116.
Ochsen, Ziegen und Schafe, 157.
Ochsen im Wasser, 5*.
Ochsenhirt, der, beim Hügel, 109.
Ochsenhirt, der, auf dem Esel, 110.
St. Pauli, Vision, 2*.
St. Petri, Vision, 1*.
Pferd, das, bei der Krippe, nach Wouwerman, 44.
Pferd, das, bei der Krippe, nach Berghem, 113.
Plas, Simon de, 11.
Portrait (unbekanntes), 24.
Proëlius Petrus, 12.
Rauchende Bauern, 40.
Raucher, der, (nach Brauwer), 39.
Raucher, die, (nach Ostade), 55.
Rauchstube, (nach Brauwer), 41.
Reisenden, die, der Hütte, 48.
Reiter, der, hinter der Mauer, 85.
Reiter, die drei, beim Zelte rechts, 42.
Reiter, die drei, beim Zelte links, 43.
Reitbahn, die offene, 49.
Rubens, P. P., 13.
Ruyter, Michael de, 14.
Schafe, 6 Blätter auf einem Bogen, 19*.
Schafe, die drei, beim Aehrenfeld, 115.
Schafmelkerin, die junge, 134.
Schmidt, der, beschlägt den Esel, 153.
Schmiede, die, 154.
Schweine, die vier, 11*.
Schweinehüterin, die schlafende, 4*.
Sibersma, Hero, 15.
Somer, Bernardus, 16.
Sommer, der, 72.
Spieler (Tricktrack-), 51.
Spinnerin, die, am Felsen, 77.
Spinnerin, die, und die Wäscherin, 105.
Spinnerin, die, und der Ackersmann, 121.
Spinnerin, die, am Ufer, 122.
Spinnerin, die, vom Rücken gesehn, 12*.
Spinnerin, hie stehende, 18*,
Strasse, die, am Kanal, 69.
Sturz, der, des Grafen J. Moritz v. Nassau, 29—31.
Tageszeiten, die vier, (Folge) 146—149.
Teiches, des, Ufer, 74.
Thürme, zwei runde, am Kanal, 67.
Tischgebet, das, 38.
Titelblätter zu Panegyricus, 33, 34.
Titelblatt mit der Kuh und dem Bocke, 84.
Titelblatt zu J. Janssonius Atlas, 35.
Titelblatt zur Geographia Blaviana, 36.
Titelblatt zum Corn. Nepos, 37.
Tricktrackspieler, 51.
Trinker, die, 54.
Trompeter, der blasende, 45.

Trompeter, der blasende, (minder ausgeführt), 47.
Ufer, das, des Teiches, 74.
Ueberfuhr, die, am Rhein, rechts, 120.
Ueberfuhr, die, links, 129.
Uiterbogaerdt, Joan, 17.
Velingius Wilhelmus, 18.
Verhellius, 19.
Verliebter Bauer, 52.
Vernere Nicol., 20.
Vesper, 148.
Vision des h. Paulus, 2*.
Vision des h. Petrus, 1*.
Visscher, Cornelius, 21.
Voetius, G., 22.
Vondel, J., 23.

Wäscherin die, und die Spinnerin, 105
Wäscherinnen, die, 145.
Wasserfall, der grosse, 17*.
Weg, der, beim Felsen, 91.
Weib, das, am Hügel sitzend, 86.
Weib, das, auf dem ausschlagenden Esel, 102.
Weib, das, Wäsche' trocknend, 151.
Weibliches Brustbild ohne Kopfbedeckung, 25.
Weibliches Brustbild mit Kopfbedeckung, 26.
Wilhelm Heinrich von Nassau, dem, wird der Eid geleistet, 32.
Ziegenmelkerin, die, 133.

Lambert Visscher.

Verzeichniss seiner Kupferstiche.

Einleitung.

Was über das Leben des Jan Visscher gesagt wurde, gilt leider! auch hier: über die Lebensverhältnisse des Künstlers ist beinahe so gut wie Nichts bekannt. Man nennt Amsterdam seine Vaterstadt, in welcher er im Jahre 1633 das Licht der Welt erblickt haben soll; er war also ein älterer Bruder des Jan. In seinen Arbeiten weicht er, was die Manier anbelangt, von seinen Brüdern ab. Seine Bildnisse sind mit Aufmerksamkeit gestochen und verrathen den Künstler. Der Meister hat auch in Italien gelebt, ja soll dort gestorben sein. Aber wann? ist nicht bekannt. Im Jahre 1690 soll er in Florenz noch gearbeitet haben. Aus dieser Zeit wären also die zwei Blätter, die wir unter Nr. 24 und 25 verzeichnet haben. Auffallend ist dann bei seinem ziemlich langen Lebensalter die geringe Anzahl Blätter, die er geliefert hat.

Namen der Künstler, nach welchen Lambert Visscher gestochen hat:
P. Berettino da Cortona, 24. 25.
Bol, Ferd , 18.
Collenius, H., 17.
Gauli, G. B., 13.
Holbein, H., 4.
Loo, J. van, 1. 11. 22. 27.
Maratti, C., 23.
Popp, H., 5.
Scheits, M., 10.
Stech, A., 6. 7. 31.
Vaillant, W., 3. 12.
Webber, Z., 14.

Ohne Bezeichnung oder nach eigener Zeichnung: 2. 8. 15. 16. 19. 20. 21. 22. 26. 28. 29. 30.

1. Anna von Oesterreich.
H. 11" 9''', B. 9" 3'''.

Sie ist dargestellt als Brustbild in einem Ovale, mit Locken, Perlenschnur und Hermelinmantel, fast in Vorderansicht, ein wenig gegen Links gewendet und trägt eine kleine Krone in den Haaren. In der Rundung steht: Anne DAUSTRICHE P. L. G. DE DIEU REINE DE FRANCE ET DE NAVARRE. Unterhalb des Ovals ein Piedestal, in der Mitte das Wappen mit der französischen Krone, welches von zwei Engeln gehalten wird.
I. Am Piedestal links: Van Loo pinxit—excudit. Rechts: L. Viffcher sculpebat, darunter sechs französische Verse: "Si ce portrait — Val de grace."
II. Links: excudit ist ausgelöscht. Statt der französischen stehen 4 lateinische Verse (2 Disticha): "Splendet in hoc — quod peperit." Darunter: Constanter.*)

2. Jacob van Campen.
H. 15" 4''', B. 9" 1'''.

Halbe Figur. Im Vordergrund ist eine Mauer, die von Links fast bis zum rechten Rande reicht. Der Baumeister steht hinter dieser Mauer, mit der linken Hand auf sie gelehnt. Er ist in Vorderansicht, hat langes Haar, Schnurr- und Knebelbart und sieht nach Links. Er trägt einen breiten Halskragen, und an der Hand, mit der er nach unten zeigt, einen Handschuh. Im Unterrande steht: Jacobus a Campen Dominus in Ran | debroek & Architectus incomparabilis. Darunter sechs niederländische Verse: Dus was — z'efter overleeven. Rechts darunter: L. Meyer.

3. C. Drelincourt.
H. 6" 4''', B. 4" 3'''.

Er ist in einem Oval als Brustbild dargestellt, ein wenig nach Rechts gewendet, während der Kopf mit gelockten schwarzen langen Haaren fast in Vorderansicht ist. Er hat einen Schnurr- und breiten Knebelbart, gelocktes Haar, breiten Halskragen und trägt ein Talarkleid. In der Rundung steht oben: Charles Drelincourt. agé de 68. Unterhalb der Rundung, links: W. Vaillant pinxit. Rechts: L. Viffcher fcul. Darunter, in einem länglichen Viereck, stehen vier französische Verse: "Quel autre — immortel?" —

---

*) Bekanntlich ist unter der Devise: Constanter der Dichter Huygens verborgen. Auf seinem Portrait (von Blooteling und C. Visscher) kommt sie vor.

4. **Frobenius.***) Buchdrucker von Basel.
H. 6'', B. 4'' 10'''.

Brustbild in einer Rundung; er ist nach Links gewendet, hat ein markirtes Gesicht, am Kopfe spärliches Haar und trägt ein schwarzes Kleid, welches ein wenig mit Pelz ausgeschlagen ist. Unterhalb der Rundung ist ein Sockel, oberhalb dessen steht, links: H. Hol Been Pinxit. Rechts: L. Visscher fecit 1664. In der Mitte des Sockels: Frobenius ∽
I. Vor dem Namen: Frobenius. Sehr selten.
II. Mit demselben.
Ich fand in der k. k. Privatsammlung einen Abdruck vor dem Namen Frobenius im Sockel. Am Piedestal steht hier, links: C. Emanuel Biset. Pinxit. Rechts: L. Visscher fecit.

5. **Leonhard Golling.**
H. 14'', B. 9'' 10'''.

Der Rathsherr ist in einem Oval abgebildet; er steht vor dem Stuhle, an dessen Lehne seine rechte Hand ruht, nach Rechts gewendet, aus dem Bilde schauend, hat ein schwarzes Käppchen, einen Schnurr- und Knebelbart; seine Linke ruht auf der Brust; am Halse trägt er einen Mühlsteinkragen. Der Rathsherrenhut liegt rechts auf dem Tische. Unter dem Ovale ist das Wappen mit drei Rosen. Im Piedestale steht links: IPopp pinxit. Rechts: L. Viffcher Sculps. In der Rundung des Ovales steht, oben von Bändern unterbrochen: D'. E. E. Achtb. H[r]. Leonhard Golling Raedsheer, Thesaurier en Rood | Bierbrouwer tot Nurnberg, Schilder en Liefhebber der Schilder-Konst. Unten im weissen Rande stehen sechs niederländische Verse: "Indien — Graf verweckte."
I. Vor dem Namen des Malers IPopp. Sehr selten.
II. Mit demselben.

6. **Johan. Hevelius.**
H. 10'' 4''', B. 6'' 10'''.*

Gürtelbild in Oval, ein wenig nach Rechts gewendet. Der Dargestellte hat langes Haar, darauf ein Käppchen, Schnurr- und Knebelbart, einen langen und getheilten Halskragen und ist in einen Mantel gehüllt; die linke Hand liegt auf der Brust. Rechts ist eine Säule, links ein Vorhang. In den Ecken des Ovals sind Oelzweige. Im Stabe des Piedestals steht links: A. Stech

---
*) W. Vaillant hat dasselbe Bildniss in schwarzer Manier ausgeführt. Ebenso A. Blooteling.

pxt. Rechts: Lambertus Viffcher fculp. Darunter, in der weissen Fläche, stehen zwei lateinische Disticha: "Aetherizet vasti — Ipse suae." Darunter rechts: Scribeb. Gedani Joh. Petr. Titius.

7. Die drei Astronomen. Titelblatt.
H. 12″, B. 7″ 7‴.

In der Mitte des Blattes steht ein mit Teppich bedeckter Tisch, auf dem eine astronomische Zeichnung über Kometen und ein Zirkel liegen. Hinter dem Tische sitzt im Lehnstuhl der erste Astronom, mit Bart und langem Haar. Er trägt ein Barett, ein pelzverbrämtes Kleid, hat die linke Hand erhoben und zeigt mit der Linken auf die Zeichnung am Tische; er ist gegen Rechts gewendet, und spricht mit dem zweiten Gelehrten, der rechts im Profil nach Links steht, so wie der erste gekleidet ist und mit beiden Händen eine Zeichnung über Kometen hält. Links, hinter dem Lehnstuhl des ersten, steht der dritte Astronom, in Vorderansicht, den bärtigen Kopf gegen Rechts gewendet. Die Pelzverbrämung an seinem Mantel ist in Zacken ausgeschnitten und sind Quasten daran. Er hält mit der Linken auch eine Zeichnung, die mehrere Kometen darstellt. Vor ihm steht am Boden ein Globus und vor dem Tische sind am Boden mehrere astronomische Instrumente. Im Hintergrund rechts ist ein Gebäude mit Säulen, über welchen ein plattes Dach mit Geländer sich befindet. Hier betrachten mehrere Sternkundige mit allerlei Instrumenten den Kometen, der oben links am Himmel sichtbar ist. Im Hintergrund links stehen mehrere Personen, die dasselbe thun und Viele drücken durch ausgebreitete Hände ihr Erstaunen aus. Unten in einer Cartouche steht: Johannis Hevelii | Cometographia. Unter dem Stichrande, links: Andr. Stech delin. Rechts: L. Vifscher Sculps.

Es ist ein Titelblatt zu dem Werke: Johannis Hevelii Cometographia. Gedani 1668. Das Portrait des Hevelius scheint nicht diesem Werke beigegeben worden zu sein. Die übrigen astronomischen Figuren und Zeichnungen sind von Hevelius selbst gestochen.

8. Christophorus de Kannenberg.*)
H. 10″ 4‴, B. 6″ 2‴.

Electoris Brandenburgici Consiliarius bellicus intimus. Brustbild im Oval, das aus zusammengewundenen Palmblättern gebildet

---
*) Nicht Ranenberg, wie Nagler schreibt.

ist, ein wenig nach Links gewendet. Er hat einen hellen Schnurr- und kleinen Knebelbart, trägt einen Eisenharnisch, am linken Arm eine Schleife, und am Hals eine Spitzenkrause. Oben bedeckt ein ausgespanntes Tuch ein wenig das Oval, und auf dem Tuche steht in sechs Zeilen: "Generosus Dominus D. Christophorus De Kannenberg & — Principatus Mindensis." Unter dem Oval, oben am Sockel links: Natus 10. Jan. 1615. Rechts: Denatus 10. Febr. 1673. Im Sockel stehn sieben lateinische Hexameter: "Martia Christophorus — mercede laborum." Darunter rechts: Phil. Polman. Links: L. Viffcher fculp.

9. Johan de Liefde.

Vice-Admiral von Holland und West-Friesland. Kniestück, gegen Rechts gewendet, mit dem Commandostab in der rechten Hand, vor dem Himmelsglobus stehend und mit der Hand auf das Seegefecht zeigend, das hinter ihm ist. B. v. d. Helst pinxit. L. Visscher sc. Mit drei Zeilen Unterschrift. Sehr gr. fol.

I. Vor aller Schrift (Verstolk 557).
II. Die Unterschrift besteht nur aus drei Zeilen, der Name des Stechers ist rechts.
III. Eine andere dreizeilige Unterschrift, darunter acht holländische Verse: Loo leeft — — in hes hart. I. v. Vondel Agrippinen. In der Mitte steht: L. Visfcher fculpsit.

10. Stanislaus de Lubienietz.
H. 8" 5''', B. 5" 8'''.

Der Geistliche ist abgebildet in einem Oval, gegen Links gewendet, den Kopf fast in Vorderansicht, mit Schnurr- und kleinem Knebelbart, sehr langem Haar, welches mit einem Sammtkäppchen bedeckt ist und herabfallend den langen platten Halsstreifen berührt. Er ist im Priestergewande und hat die rechte Hand an die Brust gelegt. In der Rundung steht: Stanislaus Lubienietzki de Lubienietz Rolitsius aet. 41. Unter der Rundung am Sockel: Stanislaus de Lubienietz. Zelus Dei sit Tibi Laus tua. Darunter stehn sechs lateinische Verse, drei rechts und drei links. Darunter links: M. Scheits pinxit. Mitte: L. Visfcher fculp. Rechts: Clemens Gauld S. Theol. D.

11. **Maria Theresia, Königin von Frankreich.**
H. 11" 6''', B. 8" 10'''.*

Brustbild im Oval, halbes Profil nach Links, wohin auch der Blick gerichtet ist. Sie trägt Locken, eine kleine Krone in den Haaren, eine Perlenschnur am Hals, ein Kleid mit Hermelin verbrämt und mit Perlen geziert. In der Rundung steht: MARIE THERESE P. L. G. DE DIEU REINE DE FRANCE ET DE NAVARRE. Darunter ist ein Piedestal, in dessen Mitte das mit zwei Palmzweigen umrahmte Wappen ist. Links im Piedestal: Van Loo pinxit. excudit. Rechts: L. Viffcher Sculpebat. Darunter acht französische Verse: "Therese l'Ornement — d'un Louy."
 I. Wie oben beschrieben.
 II. Statt den französischen Versen stehen zwei lateinische Disticha: "Quae regem — superficiem." Darunter: Constanter.

12. **Alexander Morus.**
H. 7" 7''', B. 6".

Prediger in Middelburg, später in Genf und Amsterdam. Brustbild in einer Rundung. Er hat langes, lockiges Haar, ein Käppchen, Schnurrbart, breiten Halskragen und ein faltiges Obergewand. Er ist in dreiviertel Ansicht nach Links. In der Rundung steht: Per Convitia et Laudes. Am oberen Rande des Sockels steht links: W. Vaillant pinx. Rechts: L. Viffcher fculp. Im Sockel: L'Imitation du Latin de M^r. de Saumaise. Darunter zehn französische Verse: "Ce portrait — son esprit."
 I. Vor aller Schrift.
 II. Beschrieben.

13. **Camillus Pamphilius.**
H. 10" 7''', B. 6" 9'''.

Brustbild in einer Rundung aus gewundenen Palmblättern, gegen Links gewendet, aber aus dem Bilde schauend. Er hat dünnen Schnurr- und Knebelbart, lange reiche Locken, eine breite und lange Halskrause von Spitzen, trägt einen Eisenharnisch und darüber eine Schärpe. Unterhalb der Rundung ein Piedestal, in dessen Mitte das Wappen zwischen Palm- und Oelzweigen. Unten im Piedestal: Camillus Pamphilius | Princeps Romanus. Ausser dem Stichrand links: Gio. Batista Gaulus Genouen. pinx. Rechts: L. Visscher Sculp.

14. Antonius vande Plaet.*)
H. 15" 4''', B. 11" 2'''.*

Kniestück. Er sitzt im geistlichen Gewande im Lehnstuhl, nach Links, wo der mit einem Teppich gedeckte Tisch steht, gewendet; er hat langes, gelocktes Haar, ein Käppchen, einen dünnen Schnurr- und Knebelbart und am Halse ist der Hemdstreifen sichtbar. Seine linke Hand liegt auf der Stuhllehne, die Rechte hält vor der Brust ein Buch. Auf dem Tische links steht ein Crucifix, ein Tintenfass mit der Feder und ist ein liegendes Buch theilweise sichtbar. Hinter dem Dargestellten ist ein grosses offenes Buch auf einem Lesepulte. Im Hintergrunde ist der Bücherschrank, von welchem links der Vorhang zurückgezogen ist. Rechts ist die Ausgangsthür. Im Unterrand steht: Adm̃. R-ds. et Ampliss. Dnũs Antonius vande Plaet S. S. T. Licentiatus Protonot. Apĩlcus. etc. Darunter Links: Z. Webber Pinxit. Rechts: Lambertus Viffcher fculpsit.

15. Carel Rabenhaupt.
H. 17" 10''', B. 13" 9'''.*

Fast bis zu den Knieen sichtbar steht er unter einem Vorhang in voller Rüstung, hat einen Schnurr- und Knebelbart, eine grosse Perücke, hält mit der Linken den Commandostab, während die Rechte auf dem Laufe einer Kanone ruht. Rechts ist sein Helm, links Aussicht in's Freie, wo die Belagerung und Beschiessung einer Stadt zu sehen ist, über welcher Minerva mit Schild und Schwert schwebt. Auf dem Schilde ist ein Wappen, dabei die Worte links: Groeningen, rechts: beschermt. Oben links bläst ein Engel die Trompete, auf deren Tuch dasselbe Wappen sich befindet. Unterhalb des Bildes ist ein Piedestal, auf dessen oberer Kante links: "L. Viffcher fecit" steht. Darunter Rechts und Links sind Pläne von Festungen zwischen Palmkränzen. Links: d'Oude Schans. Rechts: d'Nieuwe Schans. In der Mitte auf einem ausgebreiteten Tuche ist ein Plan von Coeverden. Darunter steht: Carel RABENHAUPT Baron van Sucha, Erfheer in | Lichtenbergh en Fremesnich, Heere tot Grumbach, General Lieut^t. | en Gouverneur van Groeningen en Omnebanden, Coll: over een Regim- | Infanterie Cast.

---

*) Geboren 1605 in Leyden. Er war dreimal getauft: a) von den Katholiken in der Wiege, b) von seiner Mutter mennonistisch, und c) in Köln als Studirender (securitatis causa). Starb 17. August 1678. Sein Spruch war: Cave unius libri virum. (Batavia sacra).

van Coeverden en Drofs^rt van 't Graefschap Drente. Unter dem Stichrande in der Mitte: Uyt gegeven 't Amsterdam by Marcus Doornick op den Middel dam in 't Inck vat.

16. **Johannes Rutgersius.**
H. 6" 9''', B. 5" 1'''.

Brustbild im Oval, gegen Links gewendet, mit Schnurr- und Knebelbart, die Haare nach rückwärts gekämmt. Er trägt breite Halsstreifen mit grossen Spitzen; sein Kleid hat Bauschärmel und auf der Brust ist eine goldene Kette sichtbar. In der Rundung steht: "Johannes Rutgersius Gustavo Magno regi a Consiliis et Legationibus." Unter der Rundung im Sockel stehn vier lateinische Disticha: "Gustavo en gratum — properata fovet." Darunter in der Mitte (etwas gegen links): Lamb. Viffcher fculp. Rechts: Nic. Heinsius D. F. Avunculo P.

17. **Joannes Sylvius.**
H. 17" 2''', B. 13" 4'''.

Pastor der deutschen Kirche in Amsterdam. Er sitzt, bekleidet mit geistlichem Kleide und Talar, in einem Lehnstuhl, nach Links gewendet, wo der Tisch steht. Er hat langes lockiges Haar, welches ein Käppchen bedeckt, einen schmalen Schnurrbart und einen weissen Halsstreifen. Vor ihm auf dem Tische, den ein Teppich bedeckt, liegt ein Buch mit metallenen Ecken und Schliessen; seine Rechte hält ein Blatt, während die Linke einige Blätter zurückgreift. Das Buch liegt auf einem zweiten, geschlossenen, vor welchem (links) das Schreibzeug mit zwei Federn, ein kleines Buch und Papier liegt. Den Hintergrund deckt ein Vorhang, der links mehrere neben einander stehende Bücher theilweise sehen lässt. Rechts sieht man eine Säule. Der Stichrand ist oben abgerundet. In dieser Rundung steht links: H. Collenius Pinxe. & Exud. Mitte: Joannes Sylvius Ecclesiæ Germanicæ Amstelodamensis Pastor. Rechts: L. Viffcher Sculpe. Unterhalb des Stichrandes unten: "De Kinderen die my de Heere gegeven heeft, fyn tot Wonderen in Israël. Jef. 8, 18." Darunter vier holländische Verse (zwei links und zwei rechts): "Hoe veel — ftaen Be — oogen." Rechts: H. Collenius.

18. **Cornelis Tromp.**
H. 20" 10'''? (17" 10'''*), B. 15" 6'''.

Vice-Admiral von Holland. Bis zu den Knieen sichtbar steht der Seeheld bei einem Tische, der links ist und auf dem sich eine Landkarte befindet, und lehnt sich mit dem Commandostab, den er mit der Rechten hält, auf denselben an; er trägt langes Haar, einen dünnen Schnurrbart, eine Halskrause und einen Harnisch, unter welchem unten das Panzerhemd hervorsieht. Die Linke ist in die Seite gestemmt und auf dem Bande, welches sich unter dem linken Arme verliert, ist ein Orden mit Krone und Edelsteinen. Links, hinter dem Tische, ist ein Globus, hinter demselben steigt eine Säule in die Höhe, wo sie theilweise durch einen Vorhang verhüllt ist. Rechts trägt ein kleiner Mohr seinen Helm, im Hintergrunde sieht man eine Seeschlacht, welche von J. de Visscher gestochen zu sein scheint. Unten ist in der Mitte das Wappen, welches zwei Greife halten, oberhalb des Helmes hält ein Löwe die französische Lilie, auf welcher die Krone ist. Zu beiden Seiten des Wappens die Schrift, Links: D. H r. Cornelis Tromp | Rechts: Baron L. Admiraal Van Hollandt, en | Weft-vrieslandt etc. Darunter Links: Ferdinandus Bol ad Vivum Pinxit, Rechts: t'Amfterdam Uytgegeven by Marcus Doornik. Mitten unter dem Wappen: Lambert Visscher sculpsit.

Ein Probedruck, der Kopf unvollendet, vor aller Schrift. Amsterdam.

19. Nic. Tulpius.
H. 5" 2½''', B. 3" 2'''.

Er ist als Brustbild in einem Ovale dargestellt und wendet sich ein wenig nach Links; auf seinem gelockten weissen Haare ruht eine Sammtkappe; er trägt Schnurr- und Knebelbart und der Halskragen ist spitzig mit Quasten besetzt. In der Rundung steht: Nicolaus Tulpius, ætat. 79. A°. 1672. Unter dem Stichrande: Hic ille utrimque fospitator Tulpius | Inserviendo sanitati et Patriæ. Links: L. Viffcher fculp.

I. Vor aller Schrift. Amsterdamer Museum.

II. Wie beschrieben.

Es kommt vor in seinem Werke: Observationes medicæ. Amfterd. 1672. Ueber dieses interessante Werk siehe des Mehreren im Corn. Vifscher von Wufsin, beim Portrait des Jan de Doodt.

20. Jan de Wit
(im II. Zustande mit seinem Bruder Cornelis).
H. 19" 3''', B. 14".*

Der unglückliche Rathsherr ist in halber Figur dargestellt; er trägt einen dünnen Schnurrbart und einen kleinen Knebelbart, langes Haar, das sanft herabfällt und mit einem Sammtkäppchen bedeckt ist, einen breiten Halsstreifen, unter welchem theilweise Quasten sichtbar sind und ist in einen Talar gehüllt, der um die linke Hand gewunden ist, während die Rechte auf eine Mauer sich stützt, auf welcher ein Document liegt, dessen Siegel de Wit hält. Auf dem Siegel ist ein Löwe mit der Unterschrift: Sigilum Ordinum Belgii. Im Hintergrunde links sieht man den Rathssaal, in welchem fünf und dreissig Rathsherren eine Sitzung halten. Das Ganze hat eine Einfassung von Eichenlaub.

I. Unterhalb des Bildes ist ein leerer Querstab, darunter oben die Worte: "Joan de Wit, Raet Pensionaris van Holland & | Multis terribilis cavete multos. | Darunter vierzehn holländische Verse: "Dus was — en ver ftooten." Darunter rechts: G. Bidlo. In der Mitte, etwas nach Links: L. Viffcher fculp. Sehr seltenes Hauptblatt.

II. Die rechte Hand des Jan ist sammt der Mauer und dem Document verschwunden und er scheint sie unter dem Talare in die Seite zu stemmen. Statt der Mauer erscheint ein beschattetes Geländer, auf welchem ein Wappen mit drei Hunden und darunter ein Todtenkopf angebracht ist. Der Vorhang des Hintergrundes ist nach Links vergrössert, der Rathssaal ist verschwunden. Hinter dem Geländer ist das Brustbild des Bruders Cornelis de Wit radirt. Dieser ist dargestellt mit langem Haar, schmalem Schnurrbart, einer Halskrause; er ist vornehm angezogen und trägt eine betresste Schärpe. Die rechte Hand hat er auf dem Federhut am Geländer liegen. Auf dem Querstabe steht: Leven en Doot van M^r. Joan de Wit, raat pensionaris van Hollant en Weft-vrieslant, en fyn Broeder Cornelis de Wit | oudt Burgermeefter van Dordrecht, en Ruart van den Lande van Putten, om't Leven gebracht den 20. Augusti 1672 in's Gravenhage. Statt der Schrift unter dem Stabe ist die Greuelscene ihrer Ermordung radirt. Das Radirte wirkt störend neben der Grabstichelarbeit.

21. Unbekanntes Portrait.

H. 6" 11''', B. 5" 5'''.

Brustbild eines vornehmen Mannes, im Oval, ein wenig nach Rechts gewendet; er hat langes Haar, Schnurr- und Knebelbart, gekrausten Halskragen; am Kleide mit bauschigen Aermeln, Pelzverbrämung, auf einer Kette ein Medaillon. Er sieht aus dem Bilde heraus. Unten ein Piedestal, zur Schrift bestimmt. In der Mitte desselben ein offener Platz für das Wappen. Bartsch hat dieses Blatt in der k. k. Hofbibliothek unter L. Visscher gesetzt, ohne den Namen anzugeben.

22. St. Johann der Täufer.
H. 7" 2''', B. 5" 6'''.

Halbe Figur in Vorderansicht. Der jugendliche Kopf ist ein wenig nach Links gewendet, wohin auch der Blick gerichtet ist; sein langes Haar fällt in Locken herab; die rechte Hand, welche allein sichtbar ist, lehnt sich am Felsen an und hält das Kreuz mit der Bandrolle daran. Der dunkle Hintergrund ist Felsen. Unter der Hand am Felsen steht: J. V. L. I. (J. van Loo Inventor).
Ein schönes Blatt und in der Behandlung dem lachenden Knaben mit der Katze ähnlich.

23. St. Franz von Sales.
H. 14" 11''', B. 10" 10'''.

Der Heilige kniet in der Mitte des Blattes in ganzer Figur, im Profil nach Rechts, wo theilweise der Altar zu sehen ist, auf der Stufe desselben. Er ist im geistlichen Kleide mit Rochett und Mozette, hat kahlen Scheitel und sehr langen Bart und die Hände sind kreuzweis über die Brust gelegt. Rechts oben, woher die Glorie kommt, sind auf Wolken drei Engel sichtbar. Hinter dem Heiligen, links unten, sind zwei nackte Engel, deren Einer dem Anderen die Mitra des Bischofs anprobirt. Hinter ihnen steht das Pedum angelehnt. Im Unterrande steht links: Carolus Maratti Inv. et pinx. Rechts: L. Viffcher Sculpsit. In der Mitte: Effigies sancti Francisci de Sales Ep̄i. Genevensis. Links unten: Jo. Jacobus de Rubeis formis Romæ ad Templū Pacis cū Priv. S. Pont.

24. 25. Zwei Blatt zu dem Werke: „Heroicæ virtutis imagines etc. cura J. J. de Rubeis, 25 pieces. Romæ 1691.

24. Antiochus und Stratonice. — Der Stich ist oben abgerundet. Links sitzt die Königin Stratonice, neben ihr der König. Rechts im Vordergrunde liegt der kranke Königssohn Antiochus halb bedeckt. Der Arzt, welcher hinter dem Bette steht, fühlt mit seiner rechten Hand den Puls der rechten Hand des Kranken und zeigt mit der linken Hand auf die Königin.

Neben dem Bette rechts ist ein Tisch, auf welchem eine Krone liegt. Unten: „Filius amans et silens, Vafer medicus, pater indulgens." Links: Eques Petrus Berettinus Corton. pinx. florentiæ in Aedib'us Sereni. magni Ducis Hetruriæ in camera Veneris. Mitte: Jo. Jacob a Rubeis formis Romæ ad Temp. Pacis cū priv. s. Pont. Rechts: L. Viffcher sculpsit.
B. 14" 5''', H. 7" 1'''.*
Die Copie von der Gegenseite ist von Ferd. Gregori.

25. Pallas rettet einen Jüngling aus den Armen der Venus. — In der Mitte wird ein Schild von Thiergestalten gehalten. Links, unter einem von Genien getragenen Baldachin, liegen drei Mädchen, nachlässig bekleidet; das eine, vom Rücken gesehn, hält ein Gefäss, das andere hebt einen Kranz empor, das dritte und vorderste, welches das Haar aufgelöst und Sterne auf der Stirne hat, erhebt sich, um mit der linken Hand den nackten Jüngling zurückzuhalten, den Minerva entführt und dessen leichte Hülle ein beflügelter Genius hält. Unterhalb des Jünglings sieht man zwei aufgescheuchte Tauben. Rechts wendet sich Pan, die Flöte mit beiden Händen haltend, lachend dem Jüngling zu. Eine Nymphe, mit einem Blätterkranz geziert, stützt sich auf eine Vase und hält mit der rechten Hand zwei Flöten; drei Mädchen und zwei Genien sitzen auf dem Mauerwerk eines Brunnens, hinter welchem Bäume sich erheben. Oben, in der Luft, sieht man Heracles mit der Keule schweben, vor ihm hält ein Engel den Kranz mit der linken Hand und scheint den Jüngling zu erwarten. Links: "Adolescentiam Pallas a Venere avellit." Rechts: "Radix amara Virtutis, fructus suavis." Darunter Links: "Eques Petrus Berettinus Corton. pinx. florentiæ in Aedibus Sereni magni Ducis Hetruriæ in camera Veneris." Mitte: Jo. Jacob a Rubeis formis Romæ ad Temp. pacis cū priv. S. Pont. Rechts: L. Viffcher sculpsit.
B. 23" 6''', H. 14".*

26. Allegorie.
B. 17", H. 13" 2'''.

Bellona steht in der Mitte zwischen zwei allegorischen weiblichen Figuren, deren Eine (rechts) den Globus misst und mit der Rechten nach dem Wappen hinweist, das zwei Genien links oben tragen. Links unten sieht man den Saturn, im Grunde den Hercules.

I. Vor aller Schrift und dem Wappen oben.

II. Mit demselben; unten steht beim Rand: L. Visfcher fec. Auf dem Steine unter dem Fusse des Saturnus steht: De Poilly excudit C. P. R. Rechts auf der Tafel eine Landkarte. Amsterdam.

27. Der lachende Knabe mit der Katze.
H. 7″ 6‴, B. 5″ 9‴.

Bei einer Mauer, die sich rechts erhebt, steht, in halber Figur gesehn, ein lachender Knabe, mit langen Haaren und breitkrämpigem Hute, und hält mit der linken Hand, über welche ein Mantel hängt, die Katze, während die andere Hand ihr rechtes Ohr zupft. Links bemerkt man in der fernen Landschaft ein Gebäude. Links an der Mauer steht: J. van Loo pin. Darunter: L. Visfcher fchulps.

Auf der gegenseitigen Copie ist keine Schrift auf der Mauer, sondern im weissen Unterrande steht Links: V. Loo pinx. Rechts: A. Blooteling ex. H. 7″ 2‴, B. 5″ 8‴.

28. Eine These.
H. 6″ 8‴, B. 5″.

In der Mitte steht ein Piedestal mit einem geistlichen Wappen, auf welches sich Minerva, mit der Eule am Helme, bemüht, einen Obelisk aufzustellen, wobei ihr ein Mädchen mit einer Art Gabel hilft. Links sitzt, nach Rechts gewendet, ein Mädchen mit der Städtekrone und steht ein zweites Mädchen. Beide wollen den Obelisk mit Blumengewinde schmücken, das sie aus dem Korbe am Boden hervorziehn; ein Engel, in der Luft schwebend, hilft ihnen. Noch höher fliegt ein grosser Genius gegen Links und bläst in die Trompete, von welcher ein wehendes Tuch herabhängt. Auf diesem Tuche steht: Panegyricus | die natali Academiæ Theodo | rianæ Paderbornensis Reveren | dissimo atque illustrifsimo | Principi | Theodoro | Episcopo Ecclesiæ Paderborn. | S. R. I. Principi | Fundatori ejus munificentifsimo | a | Collegio accademico Societatis | Jesu oblatus et in tres libros | divisus | Editio altera. Zu den Füssen der Minerva ein Schild mit dem Embleme des Jesuitenordens und ein Speer. Darunter steht: L. Viffcher fc.

29. Der Satyr.
H. 4″ 6‴, B. 2″ 6½‴.

Titelblatt. In der Mitte ist ein grosser Baum; unter diesem sitzt rechts in ganzer Figur der Satyr, im Profil nach Rechts, heraus-

schauend, auf einem antiken Piedestal und hängt über seinen
Rücken eine Bockshaut. Er hält mit der Linken die Panflöte
und zeigt auf die vielen musikalischen Instrumente, die auf dem
Baume hängen oder neben ihm liegen. Den Hintergrund bilden
antike Gebäude. Am Steine steht: Caspar Bartholinus |
de | Tibiis Veterum | Amstelædami | Sumptibus Henr.
Wetstenii 1679.

30. Titelblatt
zum Werke: Monumenta Paderbornensia. Amst. 1672.

H. 6" 8''', B. 5".

In der Mitte eines ruinösen antiken Bogens steht auf einer Tafel
der Titel des Buches; darüber ist das bischöfliche Wappen. Im
Vordergrund sitzen vier Wassergötter mit Urnen, aus welchen
Wasser fliesst. Rechts steht beim Rande unten: L. Viffcher fculp.

In demselben Werke kommt auch ein zweites Titelblatt
vor, wo die Inschrift beginnt: Panagyricus etc., siehe Nr. 29.

31. Titelblatt
zum Werke: Jacob Breynii Gedanensis Plantarum exoticarum
centuria prima. fol. Gedani. G. Förster 1678.

Das Titelblatt ist nach Stech, die nähere Beschreibung fehlt.
Vide: Catalogue d'une Collection Iconographique Polonaise (par
M. J. L. Kraszewski) Dresde (1865) pag. 281.

Inhalt.

	Nr.		Nr.
Allegorie	26	Maria Theresia, Kön. v. Frankreich	11
Anna von Oesterreich	1	Morus, Alex.	12
Antiochus und Stratonice	24	Pallas rettet einen Jüngling	25
Astronomen, die drei	7	Pamphilius Camillus	13
Campen, Jacob van	2	Plaet, Anton. van de	14
Drelincourt, C.	3	Portrait (unbekanntes)	21
Franz v. Sales, St.	23	Rabenhaupt, Carel	15
Frobenius	4	Rutgersius, Johannes	16
Golling, Leonard	5	Satyr, der (Titelblatt)	29
Hevelius	6	Sylvius, Joannes	17
Jesuitenthese, eine	29	These	28
Johann der Täufer, St.	22	2 Titelblätter	30 31
Kannenberg, Christoph. de	8	Tromp, Cornelis	18
Knabe, der lachende, mit der Katze	27	Tulpius, Nic.	19
Liefde, Joh. de	9	Wit, Jan de	20
Lubienietz, Stanislaus de	10		